La société hyper-industrielle

# 超工业时代

[法] 皮埃尔·韦尔兹（Pierre Veltz） 著

张思伟 费 勃 译

机械工业出版社

工业在过去的两百多年间推动了人类社会的飞速发展，重塑了我们赖以生存的世界，深刻影响了全球经济、文化、政治的方方面面。而今天，服务业繁荣，全球化铺开，数字化普及，工业又将何去何从？

法国工程师、社会学家、经济学家皮埃尔·韦尔兹教授在本书中给出了答案：如今工业产品与服务的生产仍然在持续增长，在全球经济中占据几乎稳定的份额，工业必然会在全球继续享有一个光辉灿烂的前景。放眼未来，工业与服务业不应是对立的，传统手段与数字化手段不应是割裂的，我们将进入一个"超工业"时代。本书从科技维度、社会维度、经济维度、地理维度勾勒出了这一超工业社会的主要特征。

中国过去的经验、当前的策略、未来的规划贯穿全书，是作者思考法国与欧洲在超工业时代何去何从的"他山之石"。对于中国读者来说，本书不但能触发我们对这个全新的超工业时代的思考，也将帮助我们反观法国与欧洲视角下的中国。

法国经济与财政部于 2017 年授予本书"法国经济图书奖"。

# 引　言 ⯈⯈

工业社会在 19 世纪与 20 世纪占据着主导地位，它的出现如同一场慢速地震，在众多方面震动了法国。金融化降临，全球化铺开，数字化普及，以及从一个高度等级化的社会向一个人们信赖伙伴之间的关系远甚于信任体制的个体化社会的转变——所有这些变化相互叠加，造成了某种形式的混乱。

要给它们下一个完整的定义确实是很困难的。全新的组织方式、经营方式、思考方式不断涌现，尤其是在青年一代中更是如此。我们很难给它们命名，难以总结出它们的共性。这种完整定义的缺失可能就是造成法国陷入混乱局面的深层根源之一。第二次世界大战后的"黄金三十年"间法国也同样发生了深刻的转变，但这种转变是可以被清晰叙述的——这一叙述通过描绘现代化与国民工业得以实现，伴随着生活水平的普遍提升，无处不在的国家规划着一切，指明了道路。这期间农业就业岗位大量流失，但农业的地位却被大力颂扬，而那些农民的子女们先是在工厂里，随后又在新社会的办公室里找到了工作岗位。

而如今这种"循环"停滞了。老旧工业区里的青年们与那些建立初创企业的城市青年们生活在不同的世界。我们要如何叙述这一变化呢？那种说我们正向"后工业化"社会转型的论述显得很是蹩脚，因为这个"后"字并没能说明未来我们走向何方。所有人都去从事坐在屏幕后面的工作吗？所有人都涌入服务业吗？还是说所有人都去投身旅游业呢？如果这样那我们那些关于工业与科技的知识怎么办呢？

而认为数字化海啸将给一切带来变革的论述带来的恐慌远多于其带来的希望，只有一帮狂热的年轻人趋之若鹜。计算机与智能手机已经成了我们不可或缺的伙伴，这让我们清晰感受到了变革的来临，然而这些计算机与智能手机全是在美洲或亚洲制造，法国要如何在这场变革中运筹建策，才能不致沦为二流参与者呢？

## 工业的未来

如果我们试图全面认识困扰着我们的种种变化，那么工业的未来这个问题是个很好的着手点。在对这一问题的评定与辩论中各种观点纷纷被提出，大多观点有待讨论，而有些观点则大错特错，如"工业正在消失""机器人与数字化将会扼杀就业岗位"

"来自低工资水平国家的竞争是失业的根源""我们正在进入一个非物质化的社会"。

这些错误的观点不胜枚举。正如我刚刚提到的,这个"后工业化"世界的论调是软弱无力的。它也对社会造成了巨大的危害,法国的政治领导人长期轻视制造业,而上述的观点为其提供了合理性或者说鼓励了这种轻视态度。事实上,我们并没有面临工业的终结,而是在经历一种全新工业社会形式的诞生,当然这种新形式与工业在 20 世纪中占主导地位的形式截然不同。同所有发达国家一样,我们的制造业就业岗位正变得日渐稀有,这尤其归因于新一轮机器人自动化浪潮带来的生产力提升。

但我们并没有陷入一个"非物质"的社会。工业产品与服务的生产持续增长,在全球经济附加值中占据几乎稳定的份额。因此对于制造业的衰落应当全面地看待。尤其应当了解当下的重中之重并不是要"抢救"传统意义的或者说狭义的工业,也不是去"抵御"一切凶恶力量的围攻,因为只有当工业可以整合数字化变革,能够融入基于使用权与服务的以可持续化为导向的新经济,工业才能存活下去。

众多新规则与新玩家正在出现,而我们所抱持的传统区分法(工业与服务业的对立,传统手段与数字化手段的对立)阻碍了我们认清现状。这种新的状态可以有很多种描述方式,但说它是

"后工业"肯定是不合适的，简单归结为"全数字化"也行不通。我把它称作"超工业"，这样既可以突出它是新生事物，也可以表明它是悠久的工业化历史的延续。20世纪的普遍工业化既不是工业史的开端，也不是工业史的终结。制造业、服务业、数字化企业，它们如今是同一个整体的组成部分，并且越来越紧密地联系在一起。新的价值创造形式开始出现，以别样的方式连结起经济与社会，连结起传统的企业架构与新的兼顾"集体性"与"分担性"的组织形式，个人的行动力得到了强化。本书旨在从科技维度、社会维度、经济维度以及地理维度勾勒出这一全新的超工业世界的主要特征。

本书分为两部分。第一部分（第一章至第五章）探究工业与服务业的趋同性，数字化在这一趋同性中扮演的角色，以及"工业政策"面临的新挑战；第二部分（第六章至第九章）讨论新兴的超工业世界的地理格局。这一格局建立在一个巨大的悖论之上。在互联互通方面取得的巨大进展（通过互联网实现，也借助海运及航空运输、人员流动实现）远远没有推动人才与资源上更为平等的分配，而是为史无前例的多极化运动铺平了道路。在社会意义与地理意义上，新世界的"中心"地区都在越来越严重地与"周边"地区发生分离。目前法国似乎还能避免国内发生过于剧烈的分化，但能坚持到什么时候呢？

# 目 录 ⬛

引言

第一章　世界的工业化 ················ 1

亚洲的强势复兴 ················ 4

新兴国家的去工业化? ················ 6

一个高度物质化的世界 ················ 9

去物质化与杰文斯效应 ················ 11

两种全球化模式? ················ 13

第二章　工业/服务业:一种过时的分类法 ·········· 16

已知的缺陷 ················ 18

工业——这个熟悉的陌生人 ················ 21

衡量"去工业化" ················ 22

附加值,按价格计算还是按生产量计算? ········· 25

品质——被遗忘的重要衡量标准 ·················· 27

工业与服务业：深度趋同 ·················· 29

工业也是服务的一种 ·················· 32

## 第三章 机器人、网络、平台 ·················· **35**

机器人会扼杀工作机会吗？ ·················· 36

"现在情况不一样"的观点错在哪？ ·················· 39

机器人还不够，下一步：网络 ·················· 42

用户行为数据才是重中之重 ·················· 44

新模式：平台经济 ·················· 46

## 第四章 就业岗位与产品，未来何去何从 ·················· **52**

未来我们如何划分就业岗位？ ·················· 53

成败关键：吸引并留住流动性就业岗位 ·················· 57

产品将走向何方？放眼宏观与关注个人双线并行 ·················· 60

## 第五章 迈向超工业世界：四条变革主线 ·················· **64**

共享基础设施与知识的经济 ·················· 66

重视关系而不只是基于交易的经济 ·················· 69

关注固定成本与"垄断型竞争"的经济 ·················· 73

依赖社群的经济 •••••••••••••••••••••••••••••••••••••••••••• 76

## 第六章　从分层的世界到群岛的世界 •••••••••••••••••• **80**

科技传播的时间尺度 •••••••••••••••••••••••••••••••• 82

从分层的世界到相互连通的极地构成的世界 ••••••••• 84

研究与创新的新格局 •••••••••••••••••••••••••••••••• 86

人员的流动性是科技全球化的驱动力 ••••••••••••••• 88

## 第七章　全球价值链：分割化 •••••••••••••••••••••••• **93**

任务拆解 •••••••••••••••••••••••••••••••••••••••••••• 95

从国际全球化到跨国全球化 ••••••••••••••••••••••••• 96

iPhone——中国"出口"，美国获利 •••••••••••••••••• 101

价值链的收缩和去全球化会发生吗？ •••••••••••••••• 104

去全球化一波未平，区域化一波又起 ••••••••••••••• 107

## 第八章　全球价值链：多极化 •••••••••••••••••••••••• **110**

集聚效应的过去和现在 ••••••••••••••••••••••••••••• 111

飞地经济体、经济特区、大都市区 ••••••••••••••••• 114

枢纽 ••••••••••••••••••••••••••••••••••••••••••••••••• 117

生态系统 •••••••••••••••••••••••••••••••••••••••••••• 122

## 第九章　超多极化以及中心与周边的脱钩 ·············· **125**

可规模性与不平等 ·············· 127

数字化——全球多极化的要素 ·············· 129

大都市与其他城市 ·············· 131

中心地区与周边地区联系的历史性断裂? ·············· 132

## 结语——法国与欧洲独有的优势 ·············· **138**

# 第一章

世界的工业化

许多人认为我们正在向着一个"去物质化"的社会发展，工业及实体制造在这一社会中只扮演配角。这是一种完全错误的看法。

制造业就业岗位的数量在美国和欧洲<sup>⊖</sup>大幅下降，但在全球范围内，制造业的从业人员从未达到过今天这么高的数量。2010年，有 3.3 亿人从事制造业，占全球总人口的 4.8%。尽管从 2008 年开始，全球制造业生产总量的增长速度低于全球国内生产总值的增速，但其持续增长的势头从未止步。全球国内生产总值增速高于制造业生产总量增速的现象也体现了世界范围内需求向服务业的明显转移。神奇之处在于，在过去的两个世纪中，制造业从业人口在全球总人口中的占比似乎相对稳定地维持在了 5%

---

⊖ 2000 年，经济合作与发展组织（OCDE）成员国拥有 6200 万个制造业职位，而到了 2010 年只剩 4500 万个。在生产总量方面，欧洲国家尤其是法国也已很难达到 2008 年的水平了。但美国自 2009 年起生产总量猛增。

的水平。

制造业与其他产业之间在生产力方面长期存在着巨大差距，这种差距目前在许多国家仍然存在。基于此，这些数量不多的制造业从业者为世界经济增长带来了与其数量不成比例的巨大影响。1800 年至 2010 年间，全球人口平均年增长 0.9%，全球生产总量平均年增长 2.0%，全球工业生产总量平均年增长 2.9%。在如此之长的时间跨度下，上述差距也就愈发凸显出来了。2010 年全球制造业生产总值达到了 1990 年的 1.5 倍，达到了 1900 年的 60 倍。

近几十年来，虽然工业的发展帮助数亿人摆脱了贫困，但是还有两个严峻的问题需要注意。第一个问题是在社会及地理层面的增长分配。自 1990 年以来，全球制造业的就业岗位增长并非广泛分布于所有发展中国家，而是集中于一小部分国家，中国在其中一骑绝尘。如今全球制造业就业岗位中的 20% 都集中在中国（1990 年时占全球总数的 3%，2000 年时占 8%）。然而独木不成林，我们不能只把眼光盯住中国，因为就业岗位与经济附加值方面的去工业化也牵涉到大部分的新兴国家，也是对它们未来经济增长路径的考验。第二个问题则是这种增长是否可持续，到目前为止这种增长都基于仿效发达国家的生活方式。

## 亚洲的强势复兴

亚洲的强势复兴是近几十年最重大的事件。我用"复兴"这个词，是因为虽然先由欧洲主导随后由美国主导的西方世界目前在经济上取得了优势地位，但从更长的时间尺度上来看，这种优势地位持续的时间是非常短暂的。

1800 年，西方国家工业生产总值占全球的 29%，以中国和印度为首的世界其他国家占 71%。1900 年，这个比率完全颠倒了过来，87% 的工业产值来自英国、欧洲大陆和美国，曾经的亚洲经济巨头已经十分孱弱，曾经的荣光消失殆尽⊖。2000 年，发达国家的生产总值依然占全球的 66%。由于 2008 年至 2009 年的经济危机，发达国家的工业产值年增长率只有不到 2%，而新兴国家每年工业产值增长率达 6%，因此 2000 年至 2010 年这十年间发达国家工业生产总值的全球占比下降到了不足 60%。由此，欧亚大陆东西两部分经历的"大分流"时代宣告结束，给历史学家们留下了研究与辩论的一个重要课题⊜。但与大家所看到的情况大相

⊖ Paul Bairoch，《International Industrialization Levels from 1750 to 1980》，*Journal of European Economic History* 11/2，automne 1982.

⊜ Voir notamment Kenneth Pomeranz，*The Great Divergence：China，Europe，and the Making of the Modern World Economy*，Princeton，Princeton University Press，2000.

径庭的是，老牌工业国家依靠强大的科技实力加持，依然在工业产品制造上扮演着重要角色，虽然这些国家的制造业就业岗位减少了，但还是应当相对地去看待"去工业化"。我们在第二章会再讨论这个问题。

发达国家的去工业化现象已是众所周知的了。而我们不完全理解的则是某种形式的去工业化也发生在新兴国家，尤其是在拉丁美洲的新兴国家。事实上，当前的新形势尤其有利于中国、墨西哥（美国的后方物资生产基地）、韩国、土耳其及几个东欧国家（德国的工业大后方）。同发达国家一样，它们都是全球化的受益者。

但全球化中也有输家。全球化的发展不均衡对于其他地区来说也是一样的，如果我们在统计中算上中国，那么全球不平等的情况会大幅下降；如果我们在统计中不包含中国⊖，那么全球不平等发展的现象就显得愈发严重了。1988 年到 2008 年间，世界范围内收入的增长主要惠及亚洲的中产阶级及占发达国家人口1%的最富有阶层，而发达国家中产阶级的收入水平则停滞不前⊖。

---

⊖ François Bourguignon，*La Mondialisation de l'inégalité*，La République des idées / Seuil，2012.

⊖ Voir l'excellente synthèse de Branko Milanovic，*Global Inequality*，Harvard，Harvard University Press，2016.

# 新兴国家的去工业化？

在 20 世纪，工业化曾被绝大多数经济学家和发展中国家领导人视作赶超发达国家的唯一道路。各种关于工业化的理论学说如雨后春笋般涌现，相互碰撞。社会主义国家以及印度或阿尔及利亚等国家大力推崇重工业及资本品工业，他们认为这类工业就是可以让他们自主发展的"工业化的工业"，以求复制发达国家的发展轨迹。

一些国家反其道而行，倾向于从更"轻"的消费品工业出发，在强大的海关壁垒保护下，利用学习效应，尝试在工业产业链上爬升，占领更上游的位置。这就是所谓的"进口替代"政策，巴西是采取这一策略的最好例证之一。随后来到了经济广泛开放的时代，这种工业化模型以吸引跨国企业为基础，以出口作为导向，"亚洲四小虎"⊖就是采用这种模式的典型代表。中国在经济政策的制定上吸取了 1997 年金融危机的教训（波及泰国、韩国、印度尼西亚及马来西亚），跟从了这一出口导向的道路，并将其推向更大的规模。今天的中国在发展方向上重新审视国内

---

⊖ 亚洲四小虎，是指印度尼西亚、泰国、马来西亚和菲律宾四国，这四个东南亚国家的经济在 20 世纪 90 年代突飞猛进。——译者注

市场，并且在科技水平上不断攀升。

但其他国家的路怎么走呢？经济学家丹尼·罗德里克（Dani Rodrik）提出了"早熟型去工业化"现象，指出在工业就业岗位以及工业附加值的发展上，几个强出口型新兴国家与其他国家的情况有很大差异[○]。在非洲、拉丁美洲以及印度或印度尼西亚，工业就业岗位数在 1980 年至 2005 年之间达到了峰值，而此时其人均收入与发达国家进入同一时期时相比，尚处于极低的水平。举例来看，巴西在 20 世纪 80 年代中期达到工业就业岗位数峰值，人均收入约 4500 美元，而法国在此前十年达到工业就业岗位数峰值时，人均收入却有 18000 美元。

与法国的情况相反，有些国家就业岗位数的下降并非源于生产力的提高或科技的进步，而是由于国际贸易中主导地位的改变。由于摒弃了"进口替代"政策，包括拉丁美洲国家在内的一些国家要同时直面老牌工业国家的竞争与亚洲低成本产品的竞争。因为这些国家不像发达国家一样具备能带来极高收益的服务业，所以去工业化对其所造成的影响就愈发严重了。

未来会发生什么？乐观的假设是这些国家可以不经过"工业之路"就实现经济增长，找到捷径实现拥有高端服务业和数字化

---

○ Dani Rodrik，《Premature Deindustrialisation》，NBER Working Paper n° 20935，février 2015.

产业的社会，利用蛙跳战术<sup>⊖</sup>帮助他们避免走上西方曾走过的漫长发展道路。一个最经典的例子是直接进行蜂窝移动网络通信的建设，它在基础设施建设成本上远远低于传统的有线电信网络。放眼全球，我们认为服务业比工业更能推动贫困国家的经济增长。一个显著的例证是印度，信息技术领域的高端服务业大大推动了印度的经济发展。

但这样说其实是忽略了这种发展只能让全球人口中很小的一部分人受益。此外，印度正在将原本受保护主义庇护的本国经济向外资开放，以期更加坚定地投入到工业化的道路上来。

悲观的假设则是当前全球经济的分配主要受发达国家主导，贫困国家及新兴经济体进入中高收入国家俱乐部的门槛将变得更高。制造工业将继续集中在少数国家，这些国家将借此同时拥有科技能力积累与富有竞争力的社会环境，而世界其他国家则主要由服务业占优势的经济体构成。这将导致严重的不平衡，对于发展中国家影响将更为严重。

我们还可以仔细探究一下这种局面的政治影响。直到今天，中产阶级的产生总是源于工业的进步及生产力的提升。工业造就

---

⊖ 蛙跳战术，最初指第二次世界大战后期在太平洋战场以美军为主的同盟国军队为加速进逼日本本土、结束战争并减少损失，策略性跳过亚太地区某些日军所占领的岛屿的战术。——译者注

了主流人群在政治环境与工会中代表所有人的制度，工业让这些主流人群认同劳动者群体的共同利益。而在服务业主导的社会里，这一共同利益往往难以获得彰显，利益的诉求显得更为分散、粗糙、不正式。因此，在发展中国家（除东亚国家外）过早地去工业化，不利于这些国家民主制度的稳固。

## 一个高度物质化的世界

贫困国家和新兴国家的发展路径可以说就是最为巨大的未知数（更不用说中国独特的发展路径了），它决定着我们这个全球化世界的未来。而这个问题也在全球范围内与我们的工业模式是否能实现"可持续"的发展路径息息相关。旧有的工业发展模式对自然生态系统盘剥掠夺，而这一生态系统又正是工业发展的基础，贫困国家和新兴国家的发展路径也决定着是否可以摒弃这一旧有模式，实现新的自我创新。一种观点认为，人们对于实体物品的购买倾向行将就木，这将催生以非物质化消费为主的社会——这种观点完全是不现实且幼稚的。当今的世界被划分成了两个群体——少数富人群体和除此之外的大多数人。前者的生活方式建立在大量的实体物品供应上，既包括具有较长寿命的设施（基础设施、建筑等），也包括命若蜉蝣用后即弃的消费品。后一个群体在拥有的财富上远远少于前者，却借助电视传播和观光旅游的机会如饥似渴地凝视着前者。

摄影师彼得·门泽尔（Peter Menzel）曾找来 30 个国家的不同家庭，让他们把全部家当在他们的住房前铺开，用相机定格住了这个场景[一]。只要看看这些照片就能亲眼发现一个显而易见的事实——不同人群之间的生活水平差距如此之大，即使是在谈论节约这个话题时，最贫困的人群和新兴中产阶级都永远不可能放弃通过获得更多的物质产品来改善生活。从这个角度来看，全球制造业必然会有一个光辉灿烂的未来。中国和印度民众的消费需求就让两个国家尝到了甜头。这里还只是涉及普通消费品，更不用说武器装备、大型机械、基础设施建设等带来的红利。

经济学者瓦茨拉夫·斯米尔（Vaclav Smil）在他一本引人入胜的著作中深入探讨了这一问题[二]，书中收集了大量通常无法获得的数据。他的结论是：贫困国家即使是非常有限地补齐一点短板也将需要动员海量的原材料资源以及推动工业流程转型。他书中的几个数据能让我们对这一物质资源调动的惊人规模有个直观的感受。美国在整个 20 世纪消耗了 45.6 亿吨的水泥。中国消耗

---

一　Peter Menzel, *Material World: A Global Family Portrait*, Sierra Club, San Francisco, 1995.

二　Vaclav Smil, *Making the Modern World. Materials and Dematerialization*, New Jersey, John Wiley & Son, 2014.

同等数量的水泥只用了三年（2008 年至 2010 年）！钢铁是另一个重要工业产品，同水泥一样非常耗能。如果我们来看一下钢铁的消耗量，会发现在过去的 20 年间，全球消耗了同整个 20 世纪等量的钢铁。目前全球每年使用的钢铁量等同于第二次世界大战后 10 年间钢铁消耗量的总和。

问题在于这种对资源的攫取是我们这个星球的不可承受之重。化石能源问题和全球变暖问题显得最为紧迫，而其他各种类型的问题也都与这种开环的掠夺式经济发展模式紧密相关。从我们这颗星球遥远的上古年代开始，细菌就已经开始为除去大气和水生环境中的重金属做着水滴石穿的努力○，而今天，一味攫取资源带来的大气和水生环境中的重金属污染问题严重干扰了生态循环。

## 去物质化与杰文斯效应

我们确实在绝大多数领域都目睹着某种形式的"去物质化"，即用越来越少的物质材料来确保既定功能的实现。我们发现效率更高且成本更低的替代材料（尤其是在能源方面），

---

○　Voir Ugo Bardi, *Le Grand Pillage*, Paris, Les Petits Matins/Institut Veblen, 2015.

我们发明新的装置来优化材料的使用，我们回收利用使用过的材料。这些减少材料使用的种种做法绝非可有可无，它们甚至构成了工业创新的核心，在全球范围内激励着成千上万的工程师为之奋斗。

在专门的工厂中，数十亿的铝制易拉罐被制造出来，这是个极好的例子。易拉罐的制造需要借助相当高的技术来实现，要求用到一种可以承受特别大冲压力的材料。19 世纪 60 年代末美国生产出来的第一批易拉罐重 86 克，如今它们重 12.75 克，欧洲制造的易拉罐甚至仅重 9.5 克。不但如此，铝制品还做到了被广泛地回收利用（将近 50% 的铝制品生产使用回收材料）。所有这一切都可以说是值得称赞的成就。

但这个小小的饮料罐子里却藏着一个恶魔，这就是"反弹"效应。易拉罐的消费增长远远快过相对的去物质化。这也被称作"杰文斯效应"（Jevons Effect），它已经成为我们社会未来发展的一个决定性因素。

1865 年，英国经济学家威廉姆·斯坦利·杰文斯（William Stanley Jevons）这样回应那些认为全新改良的蒸汽机可能会降低煤炭消耗量的人："认为更为节约地使用能源能够降低能源消耗的推测是彻头彻尾的谬误，最后的结果将与此完全相反。"一个半世纪后的今天，我们见证了他的判断成为现实。杰文斯效应无处不在，影响巨大。

这样的例子不胜枚举，汽车是其中尤为突出的一个。我们的汽车在材料和能源上都更为节约。结果却是：它们个头更大，速度更快，消耗的汽油总量从未停止过增长。我们拿 1920 年到 2010 年间美国卖出的汽车来做个对比，其重量与功率的比值惊人地降低了 93%。但这一下降幅度带来的能源节约量完全被车体重量的增加给抹杀掉了，更不用说汽车的广泛普及带来的保有量猛增。数字化社会的颂扬者们通常用智能手机作为去物质化的例证，这是个没什么重量的工具（iPhone 5 仅重 112 克），从理论上可以替代固定电话、闹钟、收音机、电视、发送电子邮件的计算机、照相机、摄像机、手表。实际上呢，那些号称被替代的设备还在那，智能手机解决的是那些伴随着智能手机发明而出现的新需求。

## 两种全球化模式？

因此，为了去物质化而进行的相对优化很明显是远远不够的。答案只能从技术和生活方式上更为激进的改变中寻求。然而，与能源领域类似，核心问题在于建立对节约的共识。新兴国家未来的发展轨迹再次成为一个巨大的未知数。

"jugaad"是个源自旁遮普语⊖的词,本意是"独辟蹊径",它最近风靡于管理学界的宣传标语中。《jugaad创新》(L'Innovation jugaad)一书的合著者们在书中对"jugaad创新"这个被用作全书标题的概念给出了解释,认为这并不是传统创新模式的一个低成本版本⊖,而是聚焦最为核心的需求,在有限资源的限制下灵活巧妙地发挥创造力,不断以更恰当、更智慧的方式达成目的。

那么,新兴国家会就此演变出这样一种"jugaad"全球化模式吗?或者按照经济学家让-保罗·贝特贝茨(Jean-Paul Betbèze)⊖的说法,这是"一种专注于核心需求并在技术上走捷径的经济"。这种模式与工业化国家所走过的经济发展道路截然相反。后者的发展道路是围绕着信息以及往往远远算不上核心的需求建立起来的,富足丰产但浪费严重。伴随贫困国家的需求应运而生的节约模式是否能够倒逼我们改变自己现有的生活、生产、消费模式?还是说西方的经济发展模式将会是唯一的模式?

---

⊖ 旁遮普语,一种主要在印度旁遮普邦和巴基斯坦旁遮普省及临近地区使用的语言。——译者注

⊖ Navi Radjou, Jaideep Prabhu et Simone Ahuja, L'Innovation jugaad, Paris, Diateino, 2013.

⊖ Jean-Paul Betbèze, La Guerre des mondialisations, Paris, Economica, 2015.

新兴国家的新中产阶级对这种经济模式的痴迷是否会把我们推向一个无法承受的后果——蔓延全球巨大范围的杰文斯效应，冒着导致大量人口囿于贫困的风险保证低成本生产？这个问题的答案尚无定论，但前景并不乐观。

# 第二章

## 工业/服务业：

## 一种过时的分类法

从就业岗位多少的角度来看，我们进入了一个工业变成了少数派的社会阶段，这完全就是第二次世界大战后农业的翻版。1980 年，法国有 500 万工业从业者，如今只有不到 300 万。随着新一轮自动化崭露头角，这种下降趋势可能还会继续下去。而我们的社会却反而变得越来越工业化了，换言之，我们的社会愈发变得由与工业相关的标准、文化和社会形态主宰，从工业滥觞到发展壮大的已过去的几个世纪一直如此。当前最大的革新之处在于这种"工业化"的发展从产品制造蔓延到了商业化或非商业化的服务经济领域，甚至扩展到了所谓的"理念经济"。

当然了，制造业的未来依然是社会发展的重中之重。那些认为制造业的衰退是自然的、良性的，甚至有益的人可真的是错得离谱了。法国人购买到的消费品大部分源自进口，这样的经济结构既不健康，也不可持续。但我们需要注意对此的诊治既要对症下药，也要注意治疗时机。将（狭义的）工业与其他行业对立起来是一个非常错误的观点，所以法国的经济发展重心不应该是不计代价地捍卫制造业就业岗位，而应该是引入数字化转型和能源及生态改善理念，把工业和服务业紧密结合在一起，夯实"超工业化"的经济基础。

## 已知的缺陷

长期以来，法国政治家与行政官僚中的精英们一直对制造业领域茫然不解甚至妄生穿凿，以至于近年来各界对制造业重新展现出的兴趣没能成为行业实现知己知彼的神丹妙药。上述观点来自2012年11月发布的《振兴法国工业竞争力报告》，这份报告为"法国企业税收抵免政策"（简称CICE）的出台铺平了道路，也促成了时任法国生产振兴部部长阿尔诺·蒙特布尔（Arnaud Montebourg）于2013年提出的34项优势领域再工业化方案（该战略规划被称为"新工业法国"），2015年时任法国经济财政部部长埃马纽埃尔·马克龙（Emmanuel Macron）对这一方案做出了简化与更新。确实，法国的情况不算出色。2008年的经济危机只是加重了法国经济从2000年左右就已经开始显现出的病症——工业在国内生产总值中的占比日渐式微，工业贸易出现逆差，同时行业利润率开始大幅下降○。

法国工业的缺陷是个经常被拿来分析的话题○，但这不是本书的核心，我们下面只简要地来做个总结：法国工业整体定位在生产中端工业品，远比定位在高端制造业的德国工业更容易受到挑战；法国中小企业过分依赖大宗订货商，利润空间有限，由此导致的恶性循环阻碍了中小工业企业的现代化进程；企业储蓄中只有很有限的部分流向生产性投资；以出口产品在工业整体的占比来衡量，法国工业缺乏国际竞争力。

长久以来，拉动法国经济增长的大型企业一直主要在法国之外进行投资。法国大企业因此在很大程度上受到外国股东掌控。"国家冠军企业"发展模式长期以来一直是法国重商主义的中流砥柱，现在也已是强弩之末。诚然，法国企业对其他国家企业的收购、并购交易量一直保持在很高的水平○，但这艘资本巨轮在

---

○ 在 2000 年，法国的工业贸易实现了 250 亿欧元的顺差。而在 2012 年，法国工业出现了同样数额的贸易逆差！

○ Pour un bon dossier de synthèse, voir Pierre-Noël Giraud et Thierry Weil, *L'industrie française décroche-t-elle ?*, Paris, La Documentation Française, 2013, et, plus généralement, les publications de La Fabrique de l'industrie. Voir aussi Jean-François Eudeline, Gabriel Sklénard et Adrien Zakhartchouk, 《L'industrie manufacturière en France depuis 2008》, *INSEE*, *Notes de conjoncture*, décembre 2012. Pour des données comparatives, voir Reinhilde Veugelers ( dir. ), *Manufacturing Europe's Future*, Bruxelles, Bruegel, 2013.

○ 在 2009 至 2015 年间法国企业海外收购总计花费了 1420 亿欧元，而如果不计算投资基金，外资在法国的收购总额则只有 950 亿欧元。

海外航行过程中往往挂着其他国家的旗号。两年间，紧随佩希内铝业（Pechiney）和安赛乐钢铁（Arcelor）被并购的步伐，巴黎CAC40指数涵盖的市值前40位企业中又有四家工业企业引入了外国资本，包括拉法基（Lafarge）、阿尔斯通（Alstom）、阿尔卡特-朗讯（Alcatel-Lucent）和德希尼布（Technip）。可以说这标志着时代的更迭。而这种越来越趋外向型模式的大企业资本主义是否还能继续为本土提供就业岗位是个核心问题。

当然了，法国也不是只有大型企业和他们的分包商。我们在法国本土能发现一些卓越的工业企业成功案例，这证明了企业在法国的社会与财税环境下，可以在竞争激烈的市场中具有竞争力。而这些案例中的企业往往都是深深扎根于本土，由德才兼备的优秀企业家领导。

我们来举几个例子，有多少人听说过总部位于昂热市的欧朗公司（Eolane），或者菲尔米尼市的克莱斯特罗（Clextral），安纳西市的拜克思奇公司（Baikowski）以及飞卓宇航集团（FigecAero）？没有任何的产业宿命论的意味，但是万能品牌（Moulinex）已是明日黄花，如今小家电的世界头把交椅是并购了万能的赛博（SEB）。尽管如此，我们的中等规模企业<sup>⊖</sup>密度还远

---

⊖ Entreprises de taille intermédiaire（ETI），在法国的经济统计中，中等规模企业指介于中小企业与大型企业之间的一种企业类型，其员工人数在250到4999人之间，且营业额不超过15亿欧元。——译者注

远无法与德国南部相匹敌。最后，我们还要加上"法国科创"（French Tech）策略这块闪亮的应许之地，它成为刚走出校门的青年才俊们初露锋芒之所在。以上种种元素共同作用，描绘出一幅复杂的图景。下一节中我们会尝试总结出几个结构化的数据。

## 工业——这个熟悉的陌生人

一提到自己国家的工业，法国人眼前往往浮现出灰暗的画面——工厂关门大吉、罢工纠察队强行停工、游行队伍点燃轮胎表达不满。法孚集团（Fives）在其发布的《未来工厂展望报告》中做了一项调查，结果显示法国民众对于工业的印象格外悲观，仅36%的法国人认为工业具有吸引力，而认为工业具有吸引力的比例在美国为67%，在中国为82%○。调查结果也显示出法国民众对于工业的印象是陈旧过时的。就业岗位的持续减少、工人群体日渐式微、厂房分散到城市市郊或者乡村地区，这一切的一切自然而然地导致了一种后果——与制造领域有直接关联的家庭越来越少。

工业在法国社会变得杳无踪迹了。我们总在谈论法国的工

---

○　Voir le site：www. lesusinesdufutur. com.

厂，却忘了如今的工业所涵盖的领域已经远远不仅局限于工厂。在工业这个名词之下，我们还能找到研究中心、发展中心、物流中心、贸易单位、数据中心等。2015 年的法国统计数据显示全国有 300 万左右的制造业就业岗位（含临时工），比 1973 年全国就业岗位总数的一半略多，但这些就业岗位中的很大一部分已经不在工厂里了。

法国工业已经很大程度上属于办公室和白领了。以雷诺汽车（Renault）为例，放眼望去，现在其主建筑是汇聚了 1 万名工程师、技术人员和文员的基扬古尔研发中心（Technocentre de Guyancourt）。雷诺最重要的制造工厂位于杜埃市，有不到 5000 个就业岗位。法国本土的五个装配工厂共有将近 14000 个就业岗位。

整个工业领域的非技术工人只占法国就业人口的 2.3%，而研发人员和技术工人总数是非技术工人总数的两倍。只有不到一半的工人直接参与生产环节。2008 年，工业领域的人均工资水平比法国全国人均工资要高出 14%。

## 衡量"去工业化"

与大家头脑中先入为主的观念不同的是，过去这些年来工业生产从未停止增长的脚步。发生变化的只是它在就业岗位和附加值中的地位。

说到就业岗位，我们首先来看一下工业就业岗位数量达到峰值的时间，法国是在 20 世纪 70 年代中期，而美国是在 20 世纪 50 年代中期，英国则是在 20 世纪 60 年代中期。在达到峰值之后，所有发达国家的工业就业岗位数量都出现持续下降。为什么会出现这样的衰退呢？

第一个原因是外包，也就是说此前工业企业内部完成的非核心业务（如保洁、餐饮、薪酬福利、财务等），开始借助服务商提供的相应服务来完成，而这些服务商往往被归入服务业进行统计。在 1980 年至 2007 年这段时期内，上述因素加上工业企业雇用了大量同样被归入服务业的临时工，带来了法国工业就业岗位大概三分之一的下降量，而这一因素一直到 2000 年对于工业就业岗位数量的影响都是占主要地位的[一]。由此来看，这里谈到的就业岗位数量下降只是统计分类方法改变带来的统计学假象。

第二个原因则是生产力提升带来的增益，这是 2000 年之后占主导地位的原因。很少有人意识到了这些增益的规模。从 1995

---

[一] Lilas Demmou，《Le recul de l'emploi industriel en France entre1980 et 2007. Ampleur et principaux déterminants》，*Économie et Statistiques*，vol. 438，n°1，p. 73-296.

年到 2015 年，法国的工业生产量翻了一番。在同一时期内，工作时间总量则减少了一半。基于以上数据来看，20 年间每小时的生产量增至此前的 4 倍，而这一趋势并不是法国独有的。从 2002 年到 2014 年，每小时制造业产量在法国增长了 40%，在德国增长了 30%，在美国增长了 49%，在韩国增长了 94%<sup>○</sup>。所以可以说大规模机器人自动化的工业图景在今天并不是未来主义的幻想，而是一个已经大范围融入现实生活的趋势。

第三个能够解释就业岗位骤减的因素是由于缺少竞争力而损失的生产量，换言之也就是说此前一个国家自行生产的某些产品现在主要依靠进口。这个因素远比前两个更难以描述，这个问题引发了一场大讨论，特别是在实体经济萎缩的美国。而与大众的普遍观念完全相反，经济学家们长期以来一直坚信其中涉及的国际贸易，特别是同中国的贸易，对于就业岗位的影响是比较有限的。

但是最新的研究让我们从另一个角度来审视经济学家的上述观念。这些研究表明跨国贸易带来的冲击对本土就业岗位存在负面影响。即使是在美国，劳动力市场内基于职业流动性和地理流动性的再就业调整也变成了一个长期过程，对于那些已经失业的

---

○ Voir Marc Levinson, *US Manufacturing in International Perspective*, Congressionnal Research Service, avril 2016 (voir www.crs.gov, R42135).

最低端劳动者来说再就业甚至是无法实现的[1]。在欧洲，与中国的贸易带来的冲击相对较小，也更为平衡（德国甚至在对华贸易中实现了高额的贸易顺差）[2]。尽管调整机制可能在起作用，但由于职位流动性难以调整，那些因本土工业就业岗位被摧毁而产生的失业者中只有少数在其他行业实现了再就业。

## 附加值，按价格计算还是按生产量计算？

讨论了就业岗位之后，让我们把目光放在附加值上，也就是工业在财富创造中的份额，在国内生产总值中的份额[3]。当前法国的工业附加值占国内生产总值的十分之一，而 20 世纪 60 年代时占四分之一，法国当前的占比跟英国相近，远远落后于德国，这使法国位居欧洲最"去工业化"的国家之列。

不过这一点也要相对来看。第一个原因在于附加值在国内生产总值的占比要考虑到不同产品的相对价格变化的巨大影响。更

---

[1] David Autor, David Dorn et Gordon H. Hanson, 《The China Shock：Learning from Labor Market Adjustment to Large Changes in Trade》, *NBER*, WP21906, janvier 2016.

[2] 2014 年，法国从中国进口总额达到 430 亿欧元，略高于从比利时或意大利进口的总额，比从德国进口的总金额少一半。但是法中贸易逆差额非常高，达到了 270 亿欧元。

[3] 包含所有可能产生的保留盈余总额。

明确地说，如果同一产品在一段时期之初价值 2000 欧元，而在末期价值 500 欧元，那么该产品对工业附加值的贡献就下降为此前的四分之一。然而每个人都能看到工业品价格的下降速度要远远快过大部分服务或建筑工程的价格。我们只要简单地想一想过去和现在用相同的金钱能够购买到什么就可以对此有个清晰的认识，比如说我们可以想一想拿一万欧元能买多少工业制造品（汽车、计算机、智能手机等），用相同的金钱又能买到多少服务（比如厨房翻新装修、旅行或者支付律师咨询费）。因此，使用恒定价格按生产量来对比工业附加值也是很有意义的，在这种计算方式之下我们会发现工业附加值的占比几乎是保持不变的。如果这样计算，法国和德国的工业附加值占比差距，也从 1990 年起就保持稳定。

还有第二个原因使我们需要相对看待这种衰退。如果跳出严格意义上的工业领域，我们会发现在包罗万象的服务业之中，某些领域实际上与制造业非常相似，例如城市服务网络企业（交通、水务、垃圾处理、能源、电信……），这些服务业在法国都非常有代表性。而这些服务业领域完全按照自己的模式实现了工业化，并由此带来了可以与制造业相媲美的生产力提升。经济学家洛朗·费比斯（Laurent Faibis）和奥利维耶·帕塞（Olivier Passet）指出，如果把这些高度工业化的服务业领域同制造业结合起来分析，整个图景会发生显著的变化[1]。从 1975 年到 2011 年，按照生产量计算，前述制造业加服务业的集合对应的附加值在国内生产总值中占比几乎保持不变，维持在 30% 左右。我们应该重新思考"工业化"策略，不仅要把这些服务业领域纳入策略制定的考量中来，还应该依托这些服务业，将其用作法国经济的强心剂。

## 品质——被遗忘的重要衡量标准

第三个事实是我们的衡量标准完全忽略了一个重要的因素，那就是"品质"效应。我们没有考虑到一辆 2016 年出产的汽车实际上与 2000 年或 1990 年出产的汽车完全就是不同的产品，尽管它们卖相同的价格，用着相同的名称。现在的汽车可以在寒冷环境下发动，能耗降至之前的一半甚至三分之一，很少发生故障，越来越多地采用电子装置……

传统大规模生产重点关注以产量来衡量生产率（用更少的原材料生产更多的产品），但最近三十多年来，（广义概念的）品质

---

[1] Laurent Faibis et Olivier Passet，《Penser le rebond productif de la France》，*Le Débat*，n°181，septembre octobre 2014. Voir aussi Olivier Passet. *Xerfi Synthèse*，n°8，octobre 2014.

标准——产品的可靠性、多样化的配置（也被称为"大规模定制"）、针对需求的实时反馈等——在竞争中变成了决定性因素，而不再是屈居次席。自此，经济活动博弈的中心出现了"品质生产力"这个衡量标准（用更少的原材料生产更好的产品），而不管是在微观经济层面（企业的管控），还是宏观经济层面，法国在这一衡量标准的评定上都做得非常差。

此外，每个人都能注意到的是，在某些领域，品质维度既是行业发展的核心，又极其难以评估，在汽车或家电领域如此，在服务领域更是如此。最后，数字领域的新兴服务业完成了全球的大洗牌，让问题更为复杂。很多时候这种复杂性在于部分新兴服务业甚至完全不涉及商业化产品。维基百科（Wikipedia）在国内生产总值中无法体现，顺风车拼车软件 Blablacar 甚至拉低了国内生产总值，同爱彼迎（Airbnb）及其他所有被称作"共享经济"的服务一样，它们调动的是沉睡资源或利用率不足的资源。这样的例子不胜枚举。我们难道能因此说它们对社会价值的创造毫无意义，甚至起了负面作用吗[一]？

这一点至关重要，因为它让我们对国内生产总值体现出的增长数字产生了质疑，也让我们对所谓的在工业化国家整体上体现

---

⊖ Voir Jean-Paul Betbèze，《La productivité qui stagne，cette erreur qui nous tue》，*Les Échos*，07/08/2015.

出来的全球生产力进步放缓的结论产生了质疑。

## 工业与服务业：深度趋同

对"去工业化"的主流分析都是以明确区分服务业与工业作为其分析基础的。这可并不是选用哪个名称的简单问题，因为在这个区分方式的背后，对公共政策制定产生着强烈影响的各种观点显露端倪——"只有制造业才是唯一专注于高生产率活动的产业。""制造业拉动出口并垄断了尖端技术。""服务业导致生产力衰退。"事实上，这些情况应该细加区分。因为就像我们刚刚提到的，一部分服务业跟工业一样具有极高的生产率。

同样，认为制造业集中了 75% 的研发活动的观点是有待商榷的。上述观点的提出基于 1963 年《弗拉斯卡蒂手册》（Manuel de Frascati）中对研发的过时定义，这个观点混淆了研发与创新。由一名得克萨斯州的货车驾驶人发明的标准化集装箱引发了全球贸易的巨大变革。服务业的创新成果却几乎不会被列入研发的统计中。餐饮服务企业索迪斯（Sodexo）就真的比雷诺汽车或者航空、交通、防务企业泰雷兹（Thalès）缺乏创新吗？我们现在终于看到了数字化的崛起是如何推翻这些陈腐的划分的。苹果、亚马逊、谷歌这些紧密结合了产品硬实力与服务软实力的企业究竟是工业型企业还是服务型企业呢？事实上，这样的趋同性已经触达了极深的层面。这种趋同性体现在服务业的工业化上，在制造业的竞争中服务占据的地位不断提升，同时也体现在工业的延伸服务趋势开始全面普及。

服务业工业化最初以任务合理化分配的形式登上历史舞台，这也是泰勒式科学管理模式最粗放的一种体现形式。通过在贸易领域、办公领域、餐饮领域（如麦当劳）、娱乐与旅游领域（如迪士尼）毫无顾忌地运用工业手段，美洲把服务业工业化推向了核心地位，而欧洲仍然抱持着服务业应该保持匠人式操作的观点。在法国这个倡导平等的国家中，服务业的发展长期以来一直都被"服务""服务者"和"服务约束"这几个同源词所界定着。但是整个服务领域不知不觉就采纳了传统上属于工业的标准和逻辑：标准化、品质管控、资源合理化分配、文本记录等。

长期以来，工业的发展通过以下三种方式拉动着服务业的发展：

1）制造业生产力的收益为社会增加了财富积累，刺激了对服务业的需求［法国经济学家及人口学家阿尔弗雷德·索维（Alfred Sauvy）将之称为"就业岗位流转"］。

2）某些工业催生了关联领域的"系统式"多样化发展，以汽车工业为例，这个行业带动了公路建造，也因为公路配套的车库、服务区发展而附带催生出了《米其林指南》。

3）前文提到过的外包强化了以企业为服务对象的服务业，更不用说还有为企业服务的临时工们。

如今，工业与服务业已不再泾渭分明。一个重要的事实在于被归类至工业的企业在服务业市场上也频频亮相。在法国，83%的工业企业都在销售服务，这些所谓的工业企业中甚至有26%只提供服务不销售实体产品，而这些数据还没有包括企业提供的大量供本企业内部使用的服务○。

认为对外贸易主要以实体交易为主的观点也需要相对来看。工业制成品在法国出口中的占比确实达到了75%的高比例，但我们会发现这些产品仅贡献了全国制造业附加值中的40%，其余的附加值来自法国跨国价值链上境外交易的零部件与服务（25%）以及国内市场上交易的专业服务（35%）。因此，如果我们只把工业竞争力归结为制造领域内部的对比这个单一要素（例如法国与德国的工业劳动成本对比），那就真是犯了个低级错误了。实际上，专业服务的性价比才是工业竞争力的核心○。

---

○ Matthieu Crozet et Emmanuel Milet，《Vers une industrie moins... industrielle》，*La Lettre du CEPII*，n°341，février 2014.

○ Marc Levinson，*US Manufacturing in International Perspective*，*op. cit.*，chiffre à 47% la VA des services incorporés dans les exportations industrielles françaises，mettant notre pays en tête des pays développés pour ce ratio（les États Unis ne sont qu'à 32%，l'Allemagne à 36%，la Chine et la Corée à 30%）.

对于以工薪阶层消费者为对象的服务来说也是如此（如交通等公共服务，其中住房是个更明显的例子），服务成本影响着他们的净收入水平。顺带提一下，从竞争力的角度来看，住房成本是法德两国最大的差异之一。

## 工业也是服务的一种

"在工厂，我们生产化妆品，在商店，我们售卖希望。"[一]。长久以来，广告公司一直坚守一个信条——工业的本质不是售卖物品，而是售卖用户体验的象征与承诺。更直白地讲，工业企业家们很明白给他们的产品附加上服务会更能牢牢抓住消费者。如今，数不清的产品都是"打包"销售的，或多或少地把产品与服务整合捆绑起来（质保、支付便利、售后服务等）。

进入工业的新阶段，一种极具吸引力的做法是不再销售产品，而是销售产品的支配权、使用权、功能效用。我们或许可以把工业的发展历史归纳为三个阶段：工业最初是便利性的提供者（钢铁、能源、基础化学）；随后，工业的发展紧密围绕着制造那

---

[一] Le président de Revlon, cité par Theodore Levitt, 《Production-Line Approach to Service》, *Harvard Business Review*, septembre 1972.

些对于普通大众（汽车、小家电、计算机）及专业人士（机械设备）来说多少具有一定象征意义的产品；现在工业进入了第三个时代，即"延伸服务型工业"，售卖的是物品的交付使用。米其林（Michelin）依据行驶的里程数来售卖轮胎；通用电气（General Electric）或罗尔斯·罗伊斯（Rolls Royce）售卖的是飞机发动机的飞行时长。

这种"功用经济"能够扩展单一的收费模式，对更高效产品的整体理念产生指引作用<sup>○</sup>。事实上，这种经济模式展现了可观的生态环保优势，颠覆了著名的计划性报废模式。在这样的功用经济模式下，生产者会更关注延长产品的寿命（除非用户被垄断性的产品或服务俘获芳心，比如微软或苹果）。

在某些领域中，这种让渡使用权而不是所有权的模式很可能会带来深刻的变革，汽车工业就是如此。在人口密集的市中心，汽车的保有量已经大大下降。优步（Uber）等出行服务平台的存在并不是为了取代出租车，而是为了在自行购买汽车之外提供一个替代方案。顺应时代的发展趋势，汽车制造商们不再热衷于行业内的收并购，而是（以极高的价格）去收购出行服务企业。

---

○ Voir, sur ce thème, les travaux de Dominique Bourg et de Christian du Tertre.

2016 年 5 月，丰田汽车决定投资优步，而优步在日本的业务规模还非常小。正如宝马汽车总裁萧绅博（Peter Schwarzenbauer）所说："出行是人类生活的最基本需求之一，而汽车工业可不是"⊖。

---

⊖ *Süddeutsche Zeitung*，11 juin 2016，p. 25.

# 第三章

## 机器人、网络、平台

"软件将会吞噬这个世界"，硅谷最主要的投资人之一马克·安德森（Marc Andreessen）在 2011 年如是说道。在大众眼中，数字化的飞速发展尤其体现在以互联网科技巨头企业（如 GAFA 四巨头⊖）为代表的互联网行业的诞生与迅猛崛起，也体现在这些互联网企业与传统企业的激烈交战中，它们的战场以前集中于广告、视听影音以及销售发行渠道，当下及未来则扩展至银行、汽车与健康。然而数字化变革的冲击远非仅仅局限于几个特定领域，而是触及经济的方方面面，涉及所有组织机构。数字化改变了生产、交换、消费以及沟通的方式。数字化彻底模糊了服务与工业的界限。

## 机器人会扼杀工作机会吗？

机器人的外形令大众着迷，尤其是在机器人日趋呈现拟人态

---

⊖ GAFA 是谷歌（Google）、亚马逊（Amazon）、脸书（Facebook）、苹果（Apple）四大全球领先的互联网科技企业名称的首字母缩写。

之后。自亚里士多德时代起，自动化就被视作是可以自行驱动的机器取代人类工作的同义词。然而我们已经进入一个机器与人类全面竞争的时期，机器不仅可以与人类在体力工作上相媲美，还可以在我们称之为"人工智能"的各种新科技形式的加持下，与人类在高级脑力工作中一争高下。韩国围棋世界冠军在与"深度学习"（Deep learning）算法的对弈中失利，这是令人非常震惊的一个例证。

因此，与机械化高歌猛进的每个时期曾经发生过的一样，恐慌卷土重来就不足为奇了。牛津大学马丁学院（Oxford Martin School）在 2013 年 9 月的一项研究中佐证了人们这个最深的忧虑。该研究预测欧洲约 50% 的职位将直接受到机器人自动化的威胁。就像人们直觉感知到的那样，最受威胁的不是最有技术含量的工作，也不是为人提供服务这类低收入水平的工作，而是中等水平的工作。这些最受威胁的工作承担相对重复的常规任务，而算法可以比较容易地模仿甚至改进其工作方法。一言以蔽之，中产阶级的职位将最先受到影响。

由此，我们会想到那些已经大大被自动化侵蚀的秘书职位或工业领域对技能要求不是特别高的操作员职位。以所需技能为评判标准的就业岗位两极化进程在美国已经显而易见，在欧洲亦是如此。一份近期的研究报告显示，法国也未能逃脱这一两极化进程⊖。尽管如此，我们并不能确定地将其归咎于科技进步⊖。

这引出了两类相当不同的问题：一类问题关乎技术，甚至是认识论的；另一类问题则关乎经济和社会。前一类问题可以概括为：算法和机器人替代人类活动的能力是否有边界？

我们首先要注意到，生物学进化赋予了我们一些看似最基本的能力，但实际上这些能力都极为复杂精密，比如在复杂场景下辨认形态的能力——辨别肢体语言的含义是使用这种能力的一个例子，再比如简单到在拥挤的环境中身体动作的灵敏性与协调性。这些任务对于我们的大脑与肌肉来说非常基础，但机器复制我们这些能力的难度远远高于完成那些更为"智能"的任务。

这也就是为什么亚马逊要通过其人工智能任务众包平台"Mechanical Turk"发布人工智能任务，用少量报酬作为回报

---

⊖　James Harrigan, Ariell Reshef et Farid Toubal, 《The March of the Techies: Technology, Trade and Job Polarization in France, 1994-2007》, *NBER Working Papers*, n°22110, mars2016.

⊖　Une abondante littérature existe sur le sujet. Pour un point de vue synthétique, voir David H. Autor, 《Why Are There Still So Many Jobs? The History and Future of Workplace Automation》, *Journal of Economic Perspectives*, vol. 29, n°3, été 2015, p. 3-30. Autor est représen tatif du courant dit SBTC (skill-biased technological change), contesté parcertains.

请网络用户完成一些极其简单的任务<sup>⊖</sup>，这些任务都是机器做不到的。

当涉及高水平的认知型任务时，科学家们比评论家们显得更为保守。谁敢想象一个机器人来当法学家呢<sup>⊜</sup>？下围棋是一回事，但提出新的科学见解或者只是简单地与他人交流可能更为困难。情感层面的任务也是机器所不能企及的，这一情况很可能还会持续很长时间。

事实上，专家们对于机器取代人类工作这个问题上的不确定程度令人咋舌。经合组织（OECD）的一项最新研究与前文提到的牛津大学 2013 年的研究结论截然不同，认为只有 9% 的就业岗位受到了"计算机化"（Computerization）的威胁<sup>⊜</sup>。

## "现在情况不一样"的观点错在哪？

第二类问题与前面谈到的第一类问题截然不同，这些问题涉

---

⊖ Voir www. mturk. com. L'exemple est fascinant, parce qu'il montre à la fois à quel degré《hypertaylorien》l'informatique peut pousser la division du travail et comment des tâches simples résistent à l'automatisation. Le nom《*Mechanical Turk*》fait référence à un célèbre automate joueur d'échec du xviiiᵉ siècle dans lequel un humain était caché.

⊜ Dana Remus et Franck Levy,《Can Robots Be Lawyers?》, décembre 2015, http://ssrn. com/abstract = 2701092.

⊜ OECD, *The Risk of Automation for Jobs in OECD Countries*, 14 mai 2016.

及这一自动化新浪潮的动因和经济影响。面对如此之多的纯粹技术性的展望，自动化这个概念值得重提一下。自动化不是孤立地自己发展起来的，而是基于经济的选择，有时是基于文化选择而发展起来的。日本对其工厂进行了高度的自动化，却很少让自动化触及服务业。当企业在机器和人之间做选择时，需要进行的经济考量非常复杂：要考虑直接成本，也要考虑其他很多因素。机器不会罢工，也没有住房需求。至于不同选择的影响，我们了解一下历史上砸毁机器引发反工业化运动的工人内德·卢德（Ned Ludd）与经济学家大卫·李嘉图（David Ricardo）之间的针锋相对，结果就显而易见了。

对立阵营的这边是那些仅仅看到就业岗位消失带来的直接后果的人们（跟随卢德损毁机器的工人们），阵营的另一边是经济学家们，他们指出被取消的就业岗位不是彻底消失了，而是被其他新就业岗位取代了，这些新就业岗位中的一部分因机器的设计与制造需求应运而生，更大的一部分新就业岗位诞生自生产力的全面提高及随之而来的财富积累带来的新服务及消费品的需求。历史反复证明经济学家阵营是正确的，每一次生产力进步最终都会带来就业岗位的增加而不是减少，并且这些新就业岗位普遍报酬更为丰厚。我在前文中引述的阿尔弗雷德·索维提出的"就业岗位流转"概念也是对这一点的有力支撑。第二次世界大战后，法国农业生产力的增益就是这样促使就业岗位"流转"到了工业，随后工业的进步又使就业岗位"流转"向了服务业。

为什么现在的情况与过去就会有不同呢？一些持怀疑论的人将矛头首先指向现在的网络巨头们雇用的员工数远远少于过去的大企业，但这是一种误解。柯达并不是被 Instagram 取代的，就像许多文章疲于重复的那样：严谨的对比应该考虑到数字化照片产业的整个生态。另一些人开始思索这一次生产力的增益将会让就业岗位"流转"向何处，从农业到工业，再到服务业，然后呢？一个可能的答案是：休闲领域，比如文化、教育、健康。

我们看到这里没有任何机械的或纯技术的因素。关键问题在于要了解生产力的增益是如何影响收入及需求并与之形成一个闭环的。由此可以具体细化到分配与不平等的问题上来。然而现在的情况是科技浪潮似乎带来了不平等的加剧，尤其是在美国，越来越多的财富集中到了越来越少的人手中，他们构成了一个人数稀少的社会阶层，数字化世界的新掌门人成为了个中翘楚。不同于我们了解的 20 世纪的福特模式时代，当今的科技化浪潮并没有带来能够推动财富良性循环的全球范围的需求普遍上升。

杰伦·拉尼尔（Jaron Lanier）在一本不同寻常的书[1]中提出

---

[1] Jaron Lanier, *Internet*, *qui possède le futur ?*, Paris, LePommier, 2014.

了这样一个简单的问题：在中产阶级中，谁真正从数字化中受益？是啊，在中产阶级及中低收入阶层中，除了利用互联网挣点零花钱外，谁能够真正体面地靠互联网谋生呢？科技与就业岗位之间的关系并不是个技术问题，而是个社会政治问题，其结果取决于我们的选择，并非是绝对的必然。

## 机器人还不够，下一步：网络

对自动化的质疑是合情合理的，但在某些方面，这些质疑没有触及问题的本质。因为最重要的转变并不在于任务的自动化，而在于更多地实现相互联通，也就是说在多重地理尺度上，所有的任务、所有的参与者、所有的进程都可以实现相互联通，由此创造出大量数据的传输通道，而这些数据正是新价值链上的原材料。工业的数字化变革并不是用机器人代替人类，而是在机器与机器之间、机器与人之间、人与人之间建立智能化的连通网络。

自动化并没有为工业生产流程本身带来如从前引入蒸汽机、工业化学、电力时那样的变革，并且看起来这样的变革在短期内都不会出现。包括可以扩展人类活动甚至协助完成繁重任务的协作式机器人在内，各种机器人变得越来越高效和智能，但它们的发展还走在过去几十年既定的机械化发展路径上。针对这一点，以经济学家罗伯特·戈登（Robert Gordon）为代表的创新"停滞"理论的支持者们也许没说错○。

3D打印机近来赢得了口碑，3D打印又称增材制造，它是通过逐步累加材料来创造产品，而不是像在传统工厂中那样在原材料上留需去冗做减法。这是一个重大的进展，在航天等大型工业中获得推广，而这一技术最吸引人之处在于它降低了高科技制造领域的准入门槛，让新兴的工业手作匠人群体（即所谓的"创客"们）也能涉足高科技制造。一种小型化、去中心化的工业可能就此发展起来，使得一部分工业又回到了城市中心。不过这个创客○的新世界必须依托用来操控工具、驱动制造的软件的编写与交流互换才能存活下去。正是广泛的互联互通带来了这一巨大创新。在我看来，这支持了安德鲁·迈克菲（Andrew McAfee）和埃里克·布林约尔松（Erik Brynvolfsson）等"科技乐观主义者"的观点○。

把工厂中的机器联网并不是一件新鲜事物。但如果看看现在用数字化手段互联的一套并行机床，再看看20世纪80年代汽车

○　Robert J. Gordon, *The Rise and Fall of American Growth*, Princeton, Princeton University Press, 2016.

○　Chris Anderson, *Makers. The New Industrial Revolution*, New York, Crown Publishing Group, 2012.

○　Erik Brynjolfsson et Andrew McAfee, *The Second Machine Age*, New York, Norton&Company, 2014.

工业使用的自动化生产线那样的集成系统，会发现二者之间有着本质区别。在一套集成系统中薄弱环节会弱化整个生产链条，对可靠性的要求变得愈发苛刻。如今的工厂不再仅仅在内部进行集成互联，而是成为更广大网络的一个结点。数据的交换存在于工厂与工厂之间，也存在于数字化导向的产品与服务之间，这重塑了策略与组织，新的数字化互联模式遵循同样的可靠性要求，在此基础上还加上了越来越高的安全性要求。一些人谈论着"全球工厂"（Global factory），另一些人谈论着物流周转的"物联网"。方兴未艾的第三阶段将走得更远，因为这次它把顾客或用户直接纳入了生产环路之中。

## 用户行为数据才是重中之重

这个新阶段的核心，在于用户行为数据的获得，同时也是各方参与者为从这一阶段中获取利益而进行的战斗中的重中之重。在前数字化时代，对于用户行为的预判建立在市场营销一般性研究基础之上。销售的提升依靠的是在广告上的巨额投入，这些广告通过各种中间媒介进行传播，其触及用户的过程耗时很长，顾客位于一个接近线形的价值链的末端。如今，人们对于广告的信任度如自由落体般一落千丈，人们更加信任亲朋好友通过社交网络给出的推荐。这种推荐对顾客或用户产生影响的能力为不可胜数的多种新服务领域的发展铺平了道路。

以汽车制造业为例，我们现在经常谈论不再需要驾驶人的无人驾驶汽车，谷歌无人驾驶汽车（Google Car）极大地冲击着人们的想象力，不过其经济收益就要另当别论了。因为无人驾驶汽车首先是一台联网的汽车，能够触及汽车的显示屏对于像苹果这样的公司来说具有战略性意义，苹果可以把 APP Store 里成百上千的应用塞到车载计算机里，设计并卖出新的服务，从驾驶人和乘客身上获得收益。汽车制造商寻求在这些全新的市场领域明确自身定位，而第三方企业也是如此，比如保险公司可能会推出整合了客户驾驶实际数据的定制化的保险合同（例如行驶里程联动型汽车保险，简称 PAYD 车险）。

截至目前，互联网服务让大量涉及我们消费和生活的数据被收集了起来，互联网巨头们通过将这些数据商业化而成为主要受益者。我们将之称为"物联网"，即物品之间具有不断提升的进行通信的能力，这些物品可向外发送关于其使用情况以及其所处环境情况的数据流，这为工业企业家们开辟了大展拳脚的空间。制造业企业自此可以直接上阵参与到争夺消费者忠诚度的"战斗"中了。

一场大规模的沙盘战争游戏开始了，三方人马临敌对阵：数字化企业因为拥有能够直接与终端用户交流的工具（智能手机首当其冲），他们很了解如何在获取新价值上直达核心；各种经销商与中间商受到最大的威胁；生产商则担惊受怕，害怕被取代。德国人发起了"工业4.0"这项伟大的倡议，作为回应，法国分批提出了多项倡议，如"新工业法国"⊖。这项倡议并非仅仅在于要在科技现代化的传统理念范畴内对工业进行数字化改造，这甚至都不是这项倡议的主要目的，其真正的目的在于建立应对互联网巨头所施加威胁的防火墙。大多数工业企业家还本能地把视野锁定在对传统操作进行优化上，把"未来工厂"的理念停留在技术层面而非策略层面。而目前问题的核心已经改天换地：我们需要考虑模式的改变。

## 新模式：平台经济

这种变革可能会以让我们大吃一惊的不同形式呈现。当前，平台模式是这一变革的最佳呈现形式。这种模式究竟是怎么回事呢？几个世纪以来，企业都是在严格区分内部资源和外部资源的

⊖ Dorothée Kohler et Jean-Daniel Weisz, *Industrie 4.0. Les défis de la transformation numérique du modèle industriel allemand*, Paris, La Documentation française, 2016.

基础之上建立的。企业就是一条以产品设计和市场营销作为起点的"管道",通过这条管道最终将产品或服务送达客户手上,而客户要做的就是选择买或不买。

与此相反,平台企业是一个开放或半开放的系统,价值的创造既出现在供给侧也出现在需求侧。在供给侧,价值创造来自被平台调动起来而又不属于平台的众多贡献者的供应。而在需求侧,价值创造来自于用户的交互以及在这一过程中从用户那里收集到的海量数据。亚马逊创始人杰夫·贝佐斯(Jeff Bezos)是最早认识到这种模式强大威力的人之一。亚马逊平台并不满足于交付自己的产品,它同时在供给侧及需求侧发挥着规模经济的作用,而这完全不妨碍它变得既强大又获利丰厚!因此,平台构成了一种"基础设施",遵从一定的管理、技术和经济规则,而这些规则会使得平台与平台表现出截然不同的特征⊖。

理论上来说,平台可以不依赖数字化而存在,但是数字化赋予了平台摧枯拉朽的力量。在经济学术语中,平台建立在我们称之为"双边市场"的体系之上。在这个体系中,生产者和消费者

---

⊖ Voir Geoffrey Parker, Marshall Van Alstyne et Sangeet Paul Choudary. *Platform Revolution*, *How Networked Markets Are Transforming the Economy*, New York, Norton& Company, 2016.

展现出互利共赢关系<sup>⊖</sup>。成功的平台能够吸引更多的卖家，因为不同的卖家愿意聚集在一起并享受更为高效的与买家沟通的渠道。成功的平台也能吸引更多的买家，因为买家更喜欢拥有尽可能多的选择。这里涉及的核心概念是网络经济的概念，或者说是"需求的规模经济"。

这就是梅特卡夫定律，它确定了网络的价值与联网的用户数的平方成正比。您居住的街区附近那些传统旅行社或房地产中介就是双边平台机构。不过当数字化介入时，当梅特卡夫定律与摩尔定律相遇叠加时，事情就发生了天翻地覆的变化！数字化的巨大威力实际上来自其所能承载的网络影响的广度以及其以一种在非数字化世界中闻所未闻的速度提升网络的规模与地理覆盖范围的能力。看看优步和爱彼迎达到如今这个规模的速度有多让人难以置信吧。

在供给侧，从20世纪80年代到21世纪初的几十年内，我们可以说平台经济通过大规模的外包扩展了大企业的网络。但这里需要特别指出，供求相互适应的流畅性与规模性之间还有着本质的区别。为苹果APP Store开发程序的38万名程序员并不是苹果的分包商。平台经济的世界里摒弃了传统委托合同模式，没有白纸

---

⊖ Voir le chapitre consacré aux marchés bifaces dans Jean Tirole, L' *Économie du bien commun*. Paris，PUF，2016.

黑字的工作任务说明书。平台经济的世界是一个达尔文主义自然选择的世界："我向你们开放我的基础设施，用它去开发你们自己的应用程序吧。如果你们的成果行得通，对你们来说棒极了，对我来说也不错——我可是要抽取佣金的。"法国数字技术领域的领军人物尼古拉·科兰（Nicolas Colin）和亨利·韦迪耶（Henri Verdier）建议将这些供应方称为"合包商"⊖。

"可规模性"——也就是快速提升规模的能力——成为竞争的中心。可规模性建立在供应的产品或服务的技术质量之上，但也建立在甚至可以说是主要建立在与众多大型同类市场对话的能力以及迅速调动大量金融与法律资源的能力之上。这也是硅谷甚至整个美国以及中国相比于欧洲而言所具有的决定性优势。对于欧洲来说，个人可调动资本既分散又贫乏，很难实现规模的提升。

数字化平台的另一个特征在于更为科技化。应用程序接口（API）在其中扮演着核心角色，这是一种让开发者可以顺畅地将应用程序接入基础程序平台的一类协议，严丝合缝得如同搭建一个大型的乐高玩具。亚马逊对应用程序接口的重视程度尤为突出，将其置于企业策略的核心位置。"云计算"（Cloud）是一种

---

⊖　Nicolas Colin et Henri Verdier, *L'Âge de lamultitude.* Paris, Armand Colin, 2012.

重要的基础设施，是一种获得共享互助大型运算能力的技术。大型计算机集群的拥有者希望将它们向第三方开放以获得收益，云计算由此诞生。然而，如同雷诺汽车前首席运营官帕特里克·佩拉特（Patrick Pelata）所说：云计算并不仅仅是一个基础设施，它更像是一个为程序员们准备的工具箱，里面有理论上可供程序员灵活取用的海量软件⊖。

平台经济如今主要被互联网企业所掌控，但向平台经济的转型显然将扩展到身处互联网巨头碾压威胁之下的所谓传统行业。这是工业现代化规划的关键一环，它冲击了传统企业闭关自锁的本能反应和既有的文化差异。许多大型工业企业如今已经投身于平台策略之中。例如飞利浦医疗科技（Philips Healthcare）刚刚同三个云计算合作伙伴［赛富时（Salesforce）、亚马逊和阿里巴巴］一同发布了一个雄心勃勃的平台项目，用以收集和分析包含临床数据在内的各种数据，涵盖了整个医疗护理链条⊖。

更令人吃惊的是资本品工业也向这种新策略敞开了大门。德国通快集团（Trumpf）是斯图加特地区一家具有经济标杆

---

⊖ Interviewé sur xerficanal-economie.com，2 octobre 2013.
⊖ 埃森哲咨询（Accenture）认为到2018年有50%的大企业会采纳平台策略，涵盖行业领军企业和非领军企业。Voir Accenture，《TechnologyVision2016》，www.accenture.com.

地位的家族企业，是世界上最大的机床供应商之一，它在卡尔斯鲁厄成立了子公司 Axoom。这家子公司提供一个开放的软件平台，借助这个平台，客户可以自如地为特殊机械进行零件与模块组装，而这些零件或模块来自一个广大的合作企业网络，其中甚至包括通快集团的竞争对手企业⊖。这真是名副其实的文化变革！

---

⊖ Voir www.axoom.com.

# 第四章

## 就业岗位与产品，
## 未来何去何从

　　一边是工业，另一边是服务，数字化没能影响这种泾渭分明的划分——如果我们想要在法国或欧洲范围内重新打造出一个逻辑严密的"工业政策"，首要前提就是摆脱这种划分方式○。像"新工业法国"这样的产业规划有一定作用，但是真正的挑战是策略层面和全球层面的。在我看来，尤其需要制定"横向"政策（培训、鼓励创新、财政支持等）以及基于本地生态系统的"本地化"政策。而为了能理解这个全新的世界，需要重新考虑我们的分类标准，并把眼光放得更为长远。

## 未来我们如何划分就业岗位？

　　对不同就业岗位的划分并不存在任何天然的分类法，分类标

---

○　Voir Lionel Fontagné, Pierre Mohnen et Guntram Wolff, 《Pas d'industrie, pas d'avenir?》, *Les Notes du Conseil d'analyse économique*, n°13, juin2014.

准上存在着各种各样的可能性。第一个可能性是从工作分工的主要形式来划分。在过去的两个世纪中，涉及设计理念与前瞻性的就业岗位从生产环节中脱离了出来，与直接参与生产环节的就业岗位分道扬镳，渐行渐远。

第一类就业岗位经历了迅猛的扩张，在 19 世纪它们几乎还处在经济的边缘位置，而如今这类就业岗位在许多行业中取得了多数派地位。这一发展趋势的最终规模还未可知：绝大多数情况下，在我们使用的大宗消费品背后所承载的就业岗位之中，涉及广告、市场营销、工程的就业岗位不少于甚至多于直接参与生产的就业岗位。

第二类就业岗位与生产直接相关，而这一大类就业岗位可以再细分为两类——"前端"岗位与"后端"岗位<sup>⊖</sup>。这个分类方式几乎适用于各行各业。演艺行业中有舞台现场和幕后策划，即"台前"和"幕后"。在银行业，有"前台部门"和"后台部门"。前端岗位与大众、用户、客户直接接触，数量远不是最多的。后端岗位的职责在于维持机器装置（私有或公共的基础设施、网络、系统等）运转，没有它们我们的社会可能会立刻瘫痪。这些后端的工作者们藏身幕后不为人知。很大比例的工厂工

---

⊖ J'ai développé ce point dans Pierre Veltz, *Le Nouveau Monde industriel*, Paris, Gallimard, 2000（nouvelle édition augmentée, 2008）.

人现在也成了后端工作者的一员，因为他们的工作不再是直接进行生产，而是使出浑身解数保证机器正常运转。

这种三分法（上游、前端、后端）也可以用来解读处在薪酬水平高低两端的高级技术类职位和身价相对较低的处理人际关系的职位之间的两极分化现象⊖。我们也发现对于按照这种分类法划分出的三类就业岗位来说，传统的生产力定义（在一定时间内生产产品的量）是过时的、与现实脱节的。对于设计理念类工作来说情况显然也是如此。在前端就业岗位范畴内，高生产力的关键在于关系的成功建立与维护，而对于后端就业岗位，高生产力的关键在于日趋精密但脆弱的技术系统的可靠性。

第二种划分就业岗位和活动的方式显得更为传统，即考虑它们在"价值链"中的位置，这些价值链已经逐步取代了从前综合性企业所拥有的地位，并且往往倾向于呈现为大规模的跨国网络⊖。在这些价值链中，存在着能够截留更多价值的战略性环节，而其他环节获得的价值与之相比则少了很多。在过去的两个世纪中，生产制造本身构成了战略性环节，因为生产制造建立在专有

---

⊖　我这里谈到高低两端的岗位时，划分标准不是所需能力的多少而是薪酬的多少，因为人际关系类职位（例如个人服务）虽然薪酬水平较低，但经常在所需能力上要求非常苛刻。此外，学校教育的发展可能也会促使未来不同学历之间的差距连小于当下。高学历者也可能会从事一些薪酬与社会地位较低的服务型职位，就如我们目前在发展中国家所看到的那样。

⊜　这一点将在第七章中展开说明。

技术之上，这是其竞争优势的来源。纺织业和服装业巨头都曾经是制造商。如今，服装业巨头不再是生产者，而是那些牢牢掌控着设计理念、物流和终端零售的企业。

服装业的例子几乎是放之四海而皆准的。耐克、苹果以及其他许多公司都已经成为了采用这种新打法的标志性企业：设计、营销、物流管控是战略支柱，而生产则完全外包出去。这一行业上下游界限的整体上移也体现在了就业岗位数量上，因为其涉及的工作任务的自动化程度远低于生产相关的工作任务。这就是为什么我们要谈到"微笑曲线"——随着时间的推移，就业岗位曲线将越来越趋向于 U 形。因此，不论是一个国家还是一个地区，在一定的地理区域内，成败的关键不再是征服整个行业，而是控制重点环节。不过我们还是要告诫自己不要把这个新观念想得太过简单，而应该放慢脚步再思考两个重要的细节。

首先，一个就业系统应该是平衡的，不能只依赖于需要极高技能的就业岗位，不能只依赖研发和设计理念中心，也不能只依赖售货员。其次，经验告诉我们设计理念中心和制造单位之间过大程度和过于长期的地理分隔是有害的，特别是对于发展中的行业。因为这种地理分隔会限制经验交流，而经验交流对于维持技术领先性以及优化产品与流程来说是不可或缺的。德国的巨大优势之一就是坚守住了这种地理邻近性。而美国的劣势之一则是大大地丧失了这种地理邻近性[一]。

这个话题对法国也具有重要意义，在第二次世界大战后的"黄金三十年"里，法国也经历了设计理念中心（大部分留在巴黎）和工厂（大部分迁往外省）之间的地理大分隔。这种分隔随着企业的国际化进程而愈发突出。将研发中心、设计中心、创新中心留在法国是必要的，特别是由于"科研税务贷款"政策（crédit d'impôts recherche，简称 CIR）的存在，这一做法在今天也显得更为明智。但是如果放任法国成为一个没有制造部门的国家，让全法国都采用半导体芯片行业的无生产线模式，这可能会是一个可怕的错误。

## 成败关键：吸引并留住流动性就业岗位

第三种划分就业岗位的方式则是区分流动型就业岗位和固定型就业岗位。由经济学家皮埃尔-诺埃尔·吉罗（Pierre-Noël Giraud）[二]提出的这个划分方式建立在一个简单的定义之上[三]。当一

---

[一] Suzanne Berger, *Making in America*, Cambridge, MITPress, 2014.
[二] Voir Pierre-Noël Giraud, *L'Homme inutile*, Paris, OdileJacob, 2015（chapitre3）.
[三] 这个区分与地理经济学中基础就业岗位与驻留型就业岗位的划分类似。

个固定型就业岗位消失时，新的就业岗位会在其所处的地理方位附近出现，因为固定型就业岗位需要回应的需求是来自本地的，就业岗位无法远离提出需求的客户。举例来说，如果我的面包店倒闭了，那么会有另一家面包店开业，或者同街区的另一家面包店的营业额会出现增长。与之相反，流动型（或潜在流动型）就业岗位回应的是非本地的需求。在国际市场上，如果为某种机床生产一款特殊连接件的制造商消失了，或者一家服务国际市场的程序开发公司消失了，则无法保证为回应这些需求而产生的新的就业岗位会在原地出现。

能确认的一个基本情况是，流动型就业岗位整体来说薪酬更高，技能要求也更高，因为这些岗位往往更"高产"，而且相比于固定型就业岗位竞争更为激烈。我们经常听到应该增加那些无法外迁的就业岗位的观点，但对于一个国家来说成败的关键并不在于此，而是在于尽可能多地吸引具有潜在外迁可能性的就业岗位并把它们留在本地。

皮埃尔-诺埃尔·吉罗还着重强调，一个国家的财富不仅取决于流动型就业岗位的占比，也取决于固定型就业岗位生产出来的产品和服务的相对吸引力。根据吉罗的估算，2008 年法国的就业岗位中有 28% 是流动型就业岗位，或者说是外露型就业岗位。高科技领域以及知名品牌和奢侈品相关的极外向型的工业领域的就业岗位加起来只占法国工业就业岗位总数的 12%<sup>⊖</sup>，因此，流动型就业岗位远不具有都来自这两种领域的可能性。所以，为留住流动型就业岗位而进行的"战斗"决不能只局限于所谓的尖端产业，还尤其要涵盖所谓的传统工业领域以及外露型的国际服务业。

在一份更为新近的研究中，菲利普·弗罗克兰（Philippe Frocrain）和皮埃尔-诺埃尔·吉罗把不同行业分为"外露型"和"隐蔽型"，并对这两类行业的相对发展趋势做了评估<sup>⊜</sup>。结果令人震惊。在 1999 年到 2013 年间，外露型行业净损失了 20 万个就业岗位——工业和农业失去了将近 100 万个就业岗位，但这将近 100 万个就业岗位中的一部分（超过 78 万）被旅游业和其他外露型服务业的就业岗位补充了回来。目前外露型服务业的就业岗位已经占到了外露型行业就业岗位总数的一半。而相反，隐蔽型行业的就业岗位净增加了 240 万。这是个危险的变化趋势。

如何吸引并留住外露型就业岗位呢？如何保持一个隐蔽型行

---

⊖　Selon McKinsey Global Institute，*Donner un nouvel élan à l'industrie en France*，octobre 2006. 该研究发现，9%的就业岗位来自竞争激烈的劳动密集型行业（如服装），32%的就业岗位被认为处于"不稳定平衡"状态（例如汽车），47%的就业岗位相对稳定，较少受到远距离外迁威胁（化学、水泥、农产食品加工）。

⊜　Voir la synthèse de l'étudedans《L'imbrication croissante de l'industrie et des services》，*Les synthèses de la Fabrique*，La Fabrique de l'industrie，n°8，juillet 2016.

业的高质量发展呢？这是两个关键问题。

超工业世界的最主要的特征之一，在于它是以"集群"的形式组织起来的，各类活动相互关联，形成本地化的"生态系统"。我会在本书的第二部分中再次谈及这一点。各种类型的私人或集体参与者之间以灵活的方式在这些生态系统中相互影响，这些生态系统为企业提供其发展所必需的资源。这些资源把企业吸引到了生态系统之中，而一旦企业在互动中积累的本地关联达到了一定的程度，失去这些关联的"转换成本"就变得足够高，生态系统就令企业甘愿扎根其中。这就是为什么发展被我称作"有黏性"（高转换成本）的生态系统是当务之急，在国家间吸引企业投资的一般性政策条件（税收、劳动法规、营商环境、司法安全等）竞争日趋白热化的时期更是如此。

## 产品将走向何方？放眼宏观与关注个人双线并行

"我们想要会飞的汽车，最后得到了最多能发 140 个字符的 Twitter。"硅谷创投教父彼得·蒂尔（Peter Thiel）这句经常被人引用的玩笑话指出了关于数字化时常被质疑的一个问题，为人们的一种观点提供了论据——很多人认为微电子与摩尔定律并没有带来任何可与电力、汽车、塑料、飞机、广播、电视、自来水或者公共卫生相媲美的伟大成就。目前，全球拥有智能手机的人比能用上抽水马桶的人还要多。一个在网络上获得了病毒式传播的笑话也调侃说，美国加州那些声称要改变世界的程序员们不过就是一帮巨婴，他们研究的技术都是为了应付妈妈不再替他们做的家务○。

罗伯特·戈登（Robert Gordon）的阐释就要严肃得多了。与抱持"数字化颠覆"观点的科技乐观主义者截然相反，他基于非常详尽的论据，将经济增长放缓归因于创新停滞。一部分数字化应用确实毋庸置疑是毫无用处的，但在我看来，实际上现在的争论焦点有点跑偏了。因为数字化的贡献与汽车或家电的贡献在性质上是不同的。鉴于数字化与各种事物无所不在的广泛关联性，其贡献与印刷术更具可比性。数字化互联互通深刻改变了人与人之间的关系，催生出了一个充满机会的新世界，冲击并改造了既有体制。

另一方面，尽管信息技术现在已经变得无处不在，但它还远没走到创新的穷途末路。信息技术在其他一些研究领域仍十分活跃，例如媒体很少关注的材料领域。比尔盖茨（Bill Gates）和内森·梅尔沃德（Nathan Myhrvold）共同投资针对利用非浓缩铀的

---

○　《Silicon valley startups are obsessed with developing tech to replace their moms》，www. uk. businessinsider. com.

新型"清洁"核电站的研究，埃隆·马斯克（Elon Musk）探索星际与地面出行方式，杰夫·贝佐斯投身太空领域等。在能源、材料及健康领域，我们可能正处在类似曾经的电灯或内燃机那样的能彻底改变世界的重大创新面世的前夜。在这种情况下，我们要带着极度自信去展望未来将对市场起支配作用的消费品与服务。基于当前趋势来进行推断，我认为这些消费品与服务将沿着两条主线铺展开：一是系统型产品，其占比将愈发庞大，并由此催生出一种环保型的经济模型，为社会提供一个发展的"宜居之地"，这也将成为未来几十年的核心挑战；二是服务型产品，与前者相对，这一类型的产品将主要围绕个体的幸福与健康展开。

20 世纪的工业社会给我们带来许多新颖迷人的物品，填满了我们的客厅、车库、厨房、街区和城市。尽管这种发展趋势明显在全球大部分地区仍然大有可为，但它的极限已经显露了出来。以汽车在亚非国家城市中的普及为例，不仅从气候和生态的角度来看这是灾难性的，在当地的基础设施条件下这也确实在客观上是无法实现的。无论从必要性还是功能性角度来考虑，都应该对出行模式进行创新。汽车工业由此可以预期到传统需求的锐减。

最主要的变化不是交通工具的变化（比如从四轮马车到机动车），而是出行方式整体化与差异化的改变。需要被重新考量的对象是城市。超工业社会为我们开辟了比过去的大众消费领域更为庞大、更为系统性的新领域。包括城市的重塑，更广泛、更多样化、更去中心化的能源系统的建立，大规模的土地与自然资源工程，以及农业的生态环保化改造。而另一方面，围绕个人的消费品与服务已经取得了惊人的飞速发展，可以肯定这将持续下去，具体将涉及身体、健康、运动、食品、休闲、娱乐、教育等领域。

未来的产品需要既放眼宏观，也要关注个人。我们不能再继续采用在科技化最初的几个世纪中（包括 20 世纪在内）所采用的那种原始粗放的模式，因为这两大创投方向分别与大自然的复杂性之间存在着更为微妙的关系，而这也将成为这两者之间的共同点。基于这种与大自然的微妙关系，生物学将在这两大方向上扮演更加重要的角色，甚至可能占据主导地位。

数字化技术的作用（智慧城市、智慧农业、数字医疗）远没有发挥到极致，因为在很多流程的革新上还有待物理及生物等基础科学发展的支撑。主要的挑战将是（也已经是）政治与文化层面的：如何建立一个资源大规模共享的经济模式？如何避免围绕个人的经济大多涌向传媒鼓吹的方向或者沉迷个体而忽视宏观的方向？

# 第五章

迈向超工业世界：

四条变革主线

新的生产领域建立在旧有的工业世界延续下来的主体之上，它深化了旧工业世界的基本理念，这也就是为什么我将其称作"超工业"而不是"后工业"。这些基本理念早在"英国工业革命"之前就已经出现了，比如威尼斯和君士坦丁堡的兵工厂就是其非同一般的预演。而且尽管会让马克斯·韦伯（Max Weber）感到不快，我们还是要说，这些基本理念并非西方独有。

与人们普遍认同却又过于简单片面的印象相反，这是一种完全动态的模式，处于不稳定的平衡中：积累知识与保护观念的同时却长期开放创新；对规模经济进行探索并尝试将其标准化的同时却靠回应多样化需求并不断继续扩大多样化来引领发展。迈向大规模机械化的工业发展路径赋予了这些基本理念一种改变世界的巨大力量。但这种大众化生产既不是工业的起点，也不是工业的终点。如今，数字化和万物互联互通给工业世界带来了全新的战术打法。我把这些变革的主要方向归结为四个方面。

## 共享基础设施与知识的经济

由于我们的目光被在社会中占据支配地位的经济主义观点所扭曲，我们把生产世界看作是相互竞争的企业的集合，它们各自动员着私有资源，但我们忽视了这些资源中的一大部分其实是集体的、公共的、社会化的。我们看到人类活动的商品化进程似乎是不可抗拒的，但我们忽视了这种商品化之所以能运转，是因为它依赖于多种非商业化效应，经济学家们将其称作"外部效应"。这些外部效应有时会产生负面影响，例如对不可再生资源的开采。但它们也可以产生正面影响，其主要体现形式包括将科学知识纳入到商业经济中，也包括推动了物质的、智力的、文化的"基础设施"的大规模增加。

马克思通过引入"一般智力"概念（按照德语原文直译为"社会化智力"⊖）触及了问题的核心。在他看来，"社会化智力"尤其体现在机器上，并且预言在形成系统的大量机器上将体现得更为明显。他在著作中写道，沉淀在这些机器上的抽象的集体的知识变成了主要的生产力量，把零散且重复的人类劳动降到了次

---

⊖ 《Gesellschaftliches Hirn》, Voir le texte 《Fragment sur les machines》, dans les *Manuscritsde 1857-1858*, dits *Grundrisse*, Paris, Sociales/La Dispute, 2011.

要地位甚至是边缘地位。

最后一点关于人类劳动地位的论断被证实是错误的，但"社会化智力"的观点在今天比以往任何时候都更具有现实意义，而集中在工厂里的机器不再是体现这种集体特征的主要载体。经济保持运转不可或缺的公共资源既包括一个由基础设施构成的庞大网状系统，也包括一个由可供随时取用的构想与知识组成的巨大储备库。我们或许可以这样打个比方：这两类公共资源就是常规的商业化生产的天空与大地，如今的经济就屹立在这天地之间。

我们先来看看这片大地：自马克思的著作所描绘的时代以来，集体的基础设施（公共的或私人的）取得了大规模的扩张：既包括港口、机场，也包括海底光缆、卫星、电力网络、计算机网络、服务器集群、云计算、共享软件，它们共同组成了一个巨大的网状系统。与 20 世纪相对简单的基础设施相比，这种飞跃不仅体现在数量上。

旧有的基础设施（道路、电报或电话）只是从外部把企业与企业自有的工具连接了起来。而新的基础设施构建了一个环境，严密覆盖并深度渗透到所有生产或交换的特有操作之中。互联网不仅仅是一个用于信息交换的系统，它还是一个无处不在的网络，企业所有的外部和内部活动都借助这个网络相互连接了起来。这个网络是一个多层的结构。一个单独的路径就可以实现自给自足，而计算机网络却是指多层路径的累加。程序员编写代码的工作需要依赖网络的软硬件基础设施，网络的软硬件基础设施的存在需要依赖 IP 协议，而 IP 协议的存在又需要依赖微处理器和摩尔定律。由此看来基础设施就像是在一个没有尽头的迷宫里发展延伸，用户越来越无法透彻地看清整个图景。

再来看看这片天空：它涉及几个需要详加区分的名词——数据、构想、信息、知识，这些维持着现代生产的要素部分凝结于机器和基础设施之中，但它们也存在于学校、人际交往、谈话、研讨会构成的各种网络里，甚至就散布在飞机上、餐厅里的空气之中。英国经济学家阿尔弗雷德·马歇尔（Alfred Marshall）在谈论维多利亚时代的工业区时说到，在这些工业区里"工业的奥秘就在空气中"。

除了规模的变化，这些构想在多样性和广泛性上没什么新鲜的地方。有的人把这种构想的自由传播形容为"传播花粉"⊖，另一些人则称之为"技术的外部效应"。结论是一样的：如果无法获取科学以及公共的知识，如果没有科技或职业社群的交流融合，那么现代经济将不复存在。"社会化智力"影响深远，又时常被遗忘，这给"知识资产"带来了巨大的压力，而知识资产是

----

⊖ Voir Yann Moulier-Boutang, *Le Capitalism ecognitif*, Paris, Éditions Amsterdam, 2007.

超工业社会的核心体制之一。知识资产如今在技术上和"认识论"上处于危机之中。考虑到其本就源于自由主义思想，数字化世界成为知识资产战争的首要战场也就不足为奇了。

## 重视关系而不只是基于交易的经济

自动化的新浪潮与无处不在的算法似乎正在我们称之为"交易式"的经济中势不可挡地壮大起来。在这种经济中，人类的介入仅限于系统的搭建与监控。一个极端的例子是高频交易（High Frequency Trading），这种基于算法的交易活动借助精确至秒的交易操作，利用不同金融场所的价格差获利。基于此，在芝加哥和纽约之间架设的直达光缆线路也师出有名了——顺带一提，这纯粹是投机活动，不创造任何社会价值○。

普遍而言，金融市场中的很大一部分如今已经实现了自动化，通过算法进行管理，大型网络（交通、能源、计算机）也是如此。"交易式"模式的兴起也体现在形式化流程和各种性质的常规流程的猛增，以及大数据的自动化处理中。多米尼克·卡尔顿（Dominique Cardon）指出，在人们对互联网的日常使用中，

---

○ Voir Michael Lewis, *Flash Boys*, New York, Norton & Company, 2014.

算法远没有如其倡导者所想的那样把我们驯服⊖，针对我们面对网络诱惑时所做出的反应，自动化没有按部就班发展起来。我们反倒是能感觉到算法正在生产中完全掌权。

但我认为这里有一个理念上的错误。"交易式"模式确实在不停开疆拓土，但事实上当代经济正变得越来越"关系化"，从这个角度来看，所取得绩效的高低越来越依赖经济活动参与者之间关系的质量（开放的、人际交流的、对话的）。这一特征体现在不同维度上：企业内部、企业与企业之间、企业与其所处的社会政治及制度环境。

这正是悖论所在。技术系统日趋整合，同时也因此而变得更脆弱，则效率的来源就更加依赖"关系化"程度。工业企业在 20 世纪 80 年代便开始意识到这一点。在那之前，泰勒模式和福特模式的大规模生产已经通过特定方式试图将"交易式"模式在人类工作上推广：操作与任务的精细化定义、严格规划的组织架构、操作者之间无须横向交流。总而言之，操作人员如同自动机器人一般。但当技术系统跨过了某个复杂度临界点时（如在汽车制造业中出现首批自动化轧板厂），当竞争使得企业不得不优先考虑所谓的"成本外"标准时——例如品质，

---

⊖ Dominique Cardon. *À quoi rêvent les algorithmes ?*, Paris, La Répub liquedesidées/Seuil，2015.

企业就意识到了传统的泰勒式模式已经变得不合时宜，甚至开始变得适得其反。

"新自由主义"应运而生，它是寻求以主动性为支撑并努力激发企业内各部门之间沟通的一种新型管理模式。实际上这种模式是对各种强烈的功能要求做出的回应。例如，高质量的生产要求在产品设计师、流程设计者、生产操作人员、保养服务、售后服务之间切实做好开放的对话，而这种对话不能被限定在严格的交易式模型之内。对于在金融业仅仅需要操控数字符号的交易式模式，在工业中却行不通。

这一点影响深远，但往往被大部分的经济学家所低估了。从生产工厂的层面来看，相较于各种资源的质量与成本本身，生产绩效更多地取决于二者的综合影响，换言之，就是取决于构建关系式组织构造的效率。一个简单（但很现实）的例子可以帮助我们更好地理解这一点：比方说有 A 和 B 两家完全一样的酸奶工厂——相同的机器、相同的专业技能人员、非常接近的工资水平，但出人意料的是，两家工厂产出每吨产品的成本相差了50%。为什么会出现这样的结果呢？

原因在于 A 工厂的机器都被保养得很好，而 B 工厂的机器经常发生故障。机器的可用性造成了生产成本的差距。机器的可用性直接取决于围绕在机器旁边的人员之间沟通交流的频率与质量，取决于其集体学习的能力，以及解读与管理大量事件的能力，这些在当下也构成了劳动的真正基石。

上面这个例子具有普遍性。在绝大多数现代工业的工厂里，"机器生产力"比"劳动生产力"具有更大的经济影响。高低有别的机器生产力给不同工厂带来了巨大的非线性的绩效差距，而其高低主要取决于工厂内关系的质量，这也顺带解释了为何人力成本更高的工厂通常有更好的业绩表现，其生产成本一般也更低。

对于工厂有益的高质量的关系，也以其他形式对企业整体、对多个企业构成的网络、对各个部门、对工业组织、对商业版图都产生益处。与金钱交易不同，生产部门的参与者之间的交流需要时间、记忆，以及共享的经验，由此建立起不同形式的相互信任与信心，继而加速学习过程，逐步创造出一种集体绩效。

这在很大程度上解释了地域结构日渐上升的重要性，它的重要意义并非局限于被动的接近，而是在于提供了实打实的关系与共有的思维模式。从其他维度来看，这也解释了为什么基于民族、宗教、文化、技术聚合起来的，或者说基于任何能够催生信任的各种社会属性聚合起来的群体，在当代生产经济中占据了日趋重要的地位。只有在严格的交易之上叠加高质量的关系，已经连接成网络的工业才能够运转下去◯。

## 关注固定成本与"垄断型竞争"的经济

在大众的印象里，公众把可变成本（工资首当其冲）的降低看成是全球化竞争以及就业岗位重新分配的推动力。这种比拼低工资水平、低工作条件要求、低环保限制的竞争确实是存在的，一些悲惨的事故就是这种竞争存在的有力证明，比如 2013 年的热那大厦事故◯。但这只涉及全球经济中非常有限的一部分。

即使对于诸如服装、皮革、玩具在内的劳动密集型行业来说，除工资水平之外，还有许多其他因素在发挥作用：是否临近终端市场、供应链是否柔韧灵活反应迅速。对于中国来说，其工资水平带来的竞争优势远没有其灵活性与反应速度带来的竞争优势重要。而且中国拥有的低工资水平优势正在被其他南亚、东南亚及非洲国家快速蚕食，比如埃塞俄比亚，其工资水平现在仅为

---

◯　Dorothée Kohler，《La compétitivité relationnelle，enjeu de la révolution numérique》，*Les Échos*，5 avril 2016.

◯　2013 年 4 月 24 日，孟加拉国达卡县一栋名为热那大厦（Rana Plaza）的 8 层大楼发生倒塌事故，死亡人数高达 1127 人，约 2500 人受伤。大楼内有数家服装工厂，罹难人员中很大一部分为服装厂工人。这起事故是孟加拉国死伤最为严重的工业事故之一。——译者注

中国的十分之一。在消费电子等季节性行业中，中国企业有能力以惊人的方式调整其在职员工人数，欧洲和美国完全不知道怎么能做到这一点。

中国正在努力摆脱生产链末端的定位⊖。中国将由此成为超工业世界的核心，这一核心地带的竞争形式主要是控制与分摊固定成本，特别是设计与投资的成本。为什么这些竞争形式如今占据主要地位呢？

首先，伴随着自动化的发展，几乎所有行业都变得资本极度密集化。因此，正如我刚刚指出的那样，在对产品最终成本的控制中，最大限度地运用昂贵的机械设备的能力要比降低可变成本更多地被采用。

其次，越来越多的费用被投入设计、品牌宣发及销售网络准入中，构成了先期固定成本。这一点在创新竞争中尤为明显，使得研发预算支出达到了企业无法独自承担的水平，尤其是在制药业。至于重要的服务行业，不论是健康、电信、能源，还是城市服务，它们都要依托重型基础设施，这些基础设施的运营成本远低于其投资成本。

---

⊖ 中国的企业正逐步由低工业附加值向高工业附加值转型。中国内地也决定投入资本极度密集的半导体工业中来，以求降低在这一领域对于美国的依赖。

这些特征在软件工业中被推向了极致，软件工业中的软件生产成本几乎可以忽略不计，但却需要使用（集体的）重型基础设施，如网络、云计算等。对于进入这一领域的企业来说，风险巨大，因为大部分的成本投入可能发生在投产之前。因此，能够快速投入大量资本就成了一项决定性优势。而"可规模性"，也就是快速提升规模以进入尽可能广阔的市场范围的能力变成了取得成功的核心标准，这一条也适用于初创企业<sup>⊖</sup>。

这一背景催生出了一种新的竞争模式，它与监管机构所鼓励的"纯净且完善"的竞争模式存在着巨大的差异，欧洲尤为推崇后者。规模化带来的收益非常可观，因为每个新的产品都能够更多地分摊投资成本。当前的主要趋势是，借助产品与服务的差异化策略，尽可能在具有一定独特性的新风口寻求垄断地位。这种差异化的维度至关重要，如果没有了它，将导致大家趋向简单纯粹的"天然"垄断，也就是最庞大并因此而最高效的企业会把整个市场收入囊中。好在消费者具有不同的喜好，因此那些占据不同势力范围的垄断者（或近乎垄断）能够共同存在，而这些垄断者自身也是不稳定的，在不同的垄断者势力范围的交界处，竞争

---

　　⊖　Eric Ries. *Lean Start-up*. Montreuil，Pearson，2015.

长期存在⊖。

这种新的战术打法并不仅仅适用于数字化领域的企业，但互联网巨头之间的激烈竞争确实是最为典型的例证。硅谷提供了资本，从此前的成功投资中收回的资本又再次回流形成资本循环，硅谷也提供人才，来自全球的人才构成了可观的人才储备库。而在欧洲，资本无法形成循环，企业更依赖于公共投资。考虑到网络的外部效应，中心化的作用所拥有的力量非常强大且速度惊人，但这种平衡状态是脆弱的，因为这种平衡建立在消费者的忠诚度之上，而消费者只要动一下手指就能转投其他"垄断者"怀抱了。

## 依赖社群的经济

组织的使命在于"让平凡的人做不平凡的事"，被誉为现代管理学之父的彼得·德鲁克（Peter Drucker）的这句名言很好地描绘了 20 世纪的工业。这句话在美国引起了强烈的共鸣，美国强大的工业是依赖此前不具有工业传统的移民建立起来的。这一

---

⊖ 这里提到的"垄断型竞争"模式最早于 19 世纪 30 年代由剑桥大学的经济学家们如爱德华·钱柏林（Edward Chamberlain）及琼·罗宾逊（Joan Robinson）进行了探索，这些观点后由米歇尔·沃勒（Michel Volle）做出进一步发展并使之理论化。Iconomie，Paris，Xerfi Economica，2014.

奇迹得以实现，得益于规范化的工作方法以及采用等级制的大型组织把一大群人聚合在了一起，而他们的工作技能本不足以产出具有极端复杂性的产品与服务。

然而，我们目睹了一项巨大变化——这种大型组织的居中调节已不再是能够实现这种聚合的唯一途径。目前个体的行动能力不通过企业或行政机构的居中调节就可以实现。我们不需要通过"大"组织就可以做"大"事，比如尖端软件的开发。○

数字化显然在这个变化中扮演着核心角色，但需要指出的是这种变化早在互联网之前就已经开始了，其变化的根源多种多样。科研机构长期以来一直依赖横向协作模式，采纳由同行做出的质量评议，始终坚持"社群"内部的开放协作与认定机制。因此，我们发现全新的"对等式"（P2P）○生产形式与科研领域拥有非常接近的价值观就不足为奇了，比如说两者都同时既推崇极端平均主义又对于英雄与明星有着超国家主义式的崇拜。

另一方面，社群式生产模式也可能呈现为大企业解体运动的最大程度延伸，这种解体运动从 20 世纪 80 年代起就在不断加速。将生产活动拆分并外包，把供应商置于竞争之中，并牵一发而动

○ Unix 操作系统的开发一直是一项通过开放（但结构严密的）互联网用户社群实现去中心化开发的典范。

○ Yochai Benkler, *The Power of Networks*, New Haven, Yale University Press, 2006.

全身，内部工厂之间、团队之间甚至个人之间也都被置于竞争之中，这成为比传统的上下级指令更为行之有效的绩效提升方式。因此，一些管理者如今梦寐以求的新模式与旧有的中心化巨型企业是截然相反的。在这种模式下，协调中心以完全灵活的方式实施资源调配，劳动本身被重新定义为由可以按意愿自主流动的劳动贡献者构成的流动型资源⊖。部分专家将之称为"人才云"。

事实上，许多企业如今都像是由不同劳动技能水平的从业者构成的游移不定的星云。一些企业会为了满足开辟新的生产线的需求，专门聘用经理人。"按需服务型"经济确实是这种"流动型劳动力"发展趋势中优先发展的领域⊖，但变革很可能会触及更为广泛的范围，任何一个行业都不会避免。

应该了解的是，从这些变革产生伊始，针对雇佣关系本身的深度修正就开始展露端倪，这里所谓的雇佣关系也就是个体劳动参与企业集体活动时所处的司法与社会规范。客观实际与法律规定之间的鸿沟越来越宽。因为即使保留了形式上的司法规范，考

---

⊖ "当前的流动型劳动力适应性强，随时准备着应对变化，反应迅速，数字技术能实现将恰当的任务交给处于这种流动型劳动力中的恰当的人。"节选自Accenture，《Technology Vision 2016 Trends》，2016.
⊖ 超过 5000 万的美国人从事自由职业，（通常还同时从事其他工作来补贴收入，且一般是非全职工作，）这占到了美国劳动力总数的三分之一。

虑到"任务导向型劳动"的情况长期以来已成主流，劳动关系变成了一种服务供给或一份项目合同，管理逻辑变成基于目标而不再是基于方式。这最早开始于管理层，但今天已经扩展到越来越多的雇员甚至工人。

我们就此可以衡量一下这些运动不同寻常的双重性。一方面，它们为个人摆脱束缚带来了前所未有的可能性，增强了个人的劳动贡献能力。而同时，它们强烈威胁着至少四代人以来（在欧洲）围绕雇佣关系建立起来的对保障与互助制度的维护与整合。未来几十年，我们的任务是重塑一个体制与司法的规范，通过重新制定一个风险共担的机制来保证这些变革的积极因素能够得以彰显，避免风险简单粗暴地落在个人头上而把曾经的工薪阶层变成"朝不保夕阶层"。

# 第六章

## 从分层的世界到群岛的世界

在 2012 年及 2013 年，埃玛纽埃勒·沙尔庞捷（Emmanuelle Charpentier）、珍妮弗·道德纳（Jennifer Doudna）（美国加州大学伯克利分校）和张锋（麻省理工学院及哈佛大学）发表了关于一项新的基因工程技术的研究结果，这项技术有一个奇怪的名字 CRISPR-Cas9<sup>○</sup>，它能够以远比传统技术更快捷且成本更低的方式对基因进行复制粘贴，给基因编辑领域的前景带来革命性的影响。于是在短短几年之内，这项曾经边缘化的研究课题变得炙手可热，估计全世界有上千家实验室在使用这项技术或试图优化这项技术。

这充分证明了新思想几乎瞬间就能实现在全球范围内的传播。这种在全球尺度上的技术同步性带来了一项根本性的后果：它彻底摧毁了经济最为古老的结构性力量之一，即通过空间上的物理距离对创新进行保护。

---

○ CRISPR 这个缩写词的读音同英语词"Crisper"相同，意为"冰箱保鲜盒"。——译者注

# 科技传播的时间尺度

科技传播的时间计量尺度长久以来一直以世纪为单位。罗马贵族阶层酷爱丝绸，但罗马从未曾与中国有过直接接触，这种贵重的织物一直只能通过中间商构成的链条运达罗马。在将近三千年的时间里，中国一直进行丝绸贸易却从未透露过它的奥秘。一直等到中世纪的末期，西方才开始发展出丝绸制造能力，而其工业化则还要等到 19 世纪。我们还能想到瓷器以及无数其他产品或工艺的例子。因此，直到 17 世纪结束时，地理远隔就足以形成对"工业机密"的有力保护。在地理因素被从思想的传播中抹去的漫长而复杂的历史中，我们可以以一种极为简单的形式粗略记住四个重要时期。

第一个时期是远距离贸易时期，这一时期利用地球上遥远地区之间市场潜力的差异，利用工艺和产品某个不可复制的特征，也利用由这种距离带来的价格暴增。借助不断变化的水路与陆路通道，不同的"布罗代尔式经济世界"⊖与相互之间还十分陌生的技术领

---

⊖ 费尔南·布罗代尔（Fernand Braudel）是法国著名历史学家，在其经典著作《十五至十八世纪的物质文明、经济和资本主义》中提出了"经济世界"（économies-monde）的概念，指由一个经济能够自给自足的中心（城邦或国都）和被这个中心控制或影响的周边或边缘地区所构成的一个动态地理区域。布罗代尔把 15 至 18 世纪的世界划分为四个"经济世界"，即欧洲、俄罗斯（到彼得大帝开放政策为止）、土耳其、远东，它们同时并存，相互进行有限的交往。——译者注

域连接了起来。关键参与者是城市以及掌控城市的大商巨贾们，他们依靠国家权力与军事力量力图降低风险并推行垄断。

接下来进入了一个漫长的过渡时期，之前基于高风险、高收益定期收取租金模式的资本主义将逐渐让位于生产型资本主义。生产型资本主义的基础在于区域性的技术专门化，并逐渐演变为"国家性的"技术专门化。关键参与者不再是商人，而变成了工业企业家与投资者。在这个时期，技术的本地独占性仍然保持着强劲的势头。比如想要复制英国的冶金业，欧洲大陆不得不请来英国的工人。随后是铁路、蒸汽船、电报。发生于 1914 年第一次世界大战前几十年间的"第一次全球化"把西方的思想以及工业技术逐渐大规模地传播开来。世界在技术上开始趋同，但仍然保持着不平等。

第三个重要时期是 20 世纪后半叶跨国企业登上历史舞台，这些跨国企业逐步完成了所谓"技术转让"中的绝大部分。20世纪 50 年代到 70 年代时期的世界是一个同心圆形态的分层的世界，美国的霸权开始显露。雷蒙德·弗农（Raymond Vernon）的"产品生命周期中的国际贸易理论"对此进行了非常中肯而简洁的描述○。

---

○　Raymond Vernon，《International Investment and International Trade in the Product Cycle》，*The Quarterly Journal of Economics*，vol. 80，n°2，mai 1966，p. 190-207.

这一时期，位于同心圆结构中心的只有一个国家——美国，产品和工艺的创新汇集于此。美国收获了最高的收入、最尖端的需求以及最强大的研究能力，美国因此得以发布成本很高的产品，主要面向国内市场。随后，得益于学习效应，成本得以降低，工艺与产品开始实现标准化，于是生产与市场能够转移到其他发达国家（如欧洲国家和日本）。

最终，同心圆结构的第三层，即发展中国家接过了普及过程的接力棒，考虑到其本土市场狭小，这一阶段的规模将相对有限。实际上，欧洲与美国的新产品（及新工艺）应用曲线会错后十年左右。只要了解美国的应用曲线，就可以对欧洲市场十几年后的情况做出预期。雷蒙德·弗农的文章发表于 1966 年。1967 年则是让-雅克-塞尔旺·施赖贝尔（Jean-Jacques Servan-Schreiber）的畅销书《美国挑战》出版的一年，同时也是雅克·塔蒂（Jacques Tati）的电影《玩乐时间》上映的一年。

## 从分层的世界到相互连通的极地构成的世界

雷蒙德·弗农描绘的世界在法国体现为"黄金三十年"，这样的世界由高度分层化的地理所决定，我们可以概括为如下几方面：

1）各国之间的"技术成熟"水准差异巨大。

2）尽管这一水准在不同国家之间差距明显，但在这些国家内部则相对统一。例如，巴西拥有同跨国企业共同打造出来的现代化汽车工业，但受到极高的关税保护，并且其生产力水平明显低于美国或者欧洲的汽车工厂。

3）这种全球范围内地理空间上的差距也体现为时间上的差距，不同的国家或地区正在逐步追近。

然而，这三个特征却被 1980 年前后出现的新的国际化形式彻底颠覆。雷蒙德·弗农描绘的世界让位于一个不同的世界：

1）科技水平的地理分布不再是弗农式的以同心圆形态呈现等级化的排列，尖端科技可以同步触及所有大洲。

2）分歧与差距不再存在于国家之间，而是出现于各个国家内部涌现出来的一些工业极地之间。巴西的新汽车工厂直接对接国际市场——其生产力水平与德国、法国的工厂持平（因为巴西的工厂要新一些，其生产力水平甚至会更高）。比照当地经济活动的平均水平，巴西的这些"世界级"工厂也显得十分错位。

3）创新的同步性是新世界的法则，但其影响主要依托不同工业极地构成的网络而得以显露，只有这些工业极地才具备参与全球竞争并获得收益所必需的物质的和智力的基础设施。

世界变得既更为同质化，又更为分隔化。一个分层的世界开始过渡到由"极地与网络"构成的世界。托马斯·弗里德曼（Thomas Friedman）在他的全球畅销书中宣称"世界是平的"，而世界远非变成了平的，而是变成了由相互连通的极地构成的一个群岛的世界，其资源越来越集中⊖。

## 研究与创新的新格局

全球研究格局的转变很好地展示了这个由网络与极地构成的结构，这确实不是什么全新的事物，但这一趋势正在显著加强。

一方面，我们观察到科技传播效应的巨大规模。美国在第二次世界大战后的几十年里一直拥有压倒性的统治地位，那样的格局如今已经被以亚洲崛起为标志的更为平衡的格局所取代。从2002年到2013年，东亚（日本、韩国、中国）的研发支出在全球研发支出中的占比从过去的27%上升到37%，而北美（美国、加拿大）研发支出的相应占比只为29%，欧洲则占22%。应该注意到这种所谓的"平衡"并没有惠及非洲、南美洲、中东和中亚，这些地区的研发支出加起来在世界总量中的占比也还不足10%。即使是印度也没有占很大比例（2.7%）。非洲人均年度研

---

⊖　Thomas Friedman, *The World is Flat*, NewYork, Farrar, Straus and Giroux, 2005.

发支出为 13 美元。东亚（日本、中国、韩国）则达到 614 美元。但需要明确指出的是，亚洲的研发支出主要是改进性研发支出，占其总研发支出的 80% 以上。基础研发支出仍以美国和一些欧洲国家为主。

但在基础研究方面，向亚洲倾斜的重新平衡趋势也是惊人的。如果我们看一下各个国家在全球被引用最多的科研论文的数量（只计算被引用量最高的前 1%），并考虑到不同的国家规模对应的权重，那么美国的数量接近预期平均值的两倍。而过去十年间，欧洲的这一数值与预期平均值的比值从 1.0 上升为 1.3，中国从 0.4 上升到 0.8。作为历史遗产，美国仍然在专利与技术许可收入方面得以维持其压倒性统治地位：2013 年约为 1300 亿美元，而欧洲为 550 亿美元，印度和中国合计不超过 15 亿美元○。

因此，这种科技的传播是相对的，与工业的传播相似，新兴国家的"赶超"实际上也仅限于极少数情况。而另一个惊人的事实在于，国家层面之下的科技极地正迅猛兴起。这里的巨大悖论在于，研究与创新调动起了看似流动性最大的资源（信息、知识），而实际上研究和创新却是空间上最为集中的活动。在占全球国民生产总值 40% 的前十大地区内，集中了全球 75% 到 80% 的

---

○　National Science Board, *Science and Engineering Indicators 2016*. Arlington, National Science Foundation, 2016 / 1.

研发支出。在法国，约 40% 的科研活动集中在巴黎地区。在美国，科技大都市（主要集中在东海岸与西海岸）与其国内其他地区的差距以惊人的方式急剧扩大。我们后面会再谈到这一点。

亚洲也是同样的情况，绝大部分研究和创新活动都集中在沿海地区的科技极地。一个似乎有些出人意料的事实在于，互联网的无处不在并没能打破这种科技的集中趋势。实际上，在科研与技术领域，面对面的关系仍然是必不可少的⊖。互联网对于加深处于既定原则范畴内的既有关系是非常有效的，但如果要跳出这种既定原则范畴，在不同的原则与文化之间激发新的联系，互联网就没有太多用武之地了。

## 人员的流动性是科技全球化的驱动力

在雷蒙德·弗农描绘的世界中，企业与资本的流动性曾是塑造了全球科技地理的主要力量。以"外商直接投资"作为其经典衡量工具。在全新的世界里，人员的流动、职业社群的铺开、科学技术群体的聚集则扮演着最为重要的角色。当然，由于"本土

---

⊖ 《自然》杂志对此专门做了深入研究，列举了大量实证成果，证实了邻近性的地位并非仅仅是与从前的水平持平，反而有所上升。Voir《The Geography of Discovery》，*Nature*，vol. 533，5 mai 2016，p. 40*sq.*

化内容"的必然要求以及科技转移带来了越来越多的国际投资，跨国企业所扮演的角色仍然非常重要，但两大新特征颠覆了这一传统的弗农模式。

第一个新特征是研究型大学和产学合作型大学的作用越来越大，它们如今构成了新模式的核心。美国式研究型大学（在美国内部也存在多种变体）在全球范围取得了成功，众多国家纷纷效仿。这种模式传统上以针对基础科学的教育与研究为中心，在第二次世界大战后的几十年里蓬勃发展（充分得益于欧洲移民来到美国），这一情况在 20 世纪 80 年代产生了巨大的变化，大学自身开始能够从自己的科研成果中获得收益（受益于 1980 年的拜杜法案）。大量的工业企业开始努力靠近那些大学学术极地，以期捡拾大学基础研究成果的遗珠。这些基础研究成本变得过于高昂，企业很多已经放弃了自己进行投入。

在全世界，大学校园的这种发展模式被视作一种开放的"生态系统"，它把大学、不同规模的企业、链接起学界和商界的初创企业、孵化器、发达程度高低有别的各类风险投资聚合在了一起。硅谷的故事显然就是这一模式的典范，硅谷直到 20 世纪 50 年代都还是一大片果园，是当时全球最大的李子和杏的出口地，一所大学（斯坦福大学）蛰伏于其中。而波士顿地区、亚洲（新加坡、北京、上海）、欧洲（剑桥、慕尼黑、巴黎）和以色列的许多发展极地都经过了相似的轨迹。这些校园是全球网络上的一个个节点，因为研究人员和学生的流动而焕发出生机。

我们经常谈论"高等教育全球化"，但是这个说法太过简化，掩盖了相互之间差异巨大的不同发展过程。对于大多数情况来说，高等教育仍然是一种地域性较强的活动，在本国或本地进行。教育全球化的首要形式是借助互联网并围绕基础技能（英语、计算机、财务）⊖建立起来的强大的非公立远程教育行业。

计算机信息技术最终为教育补齐了限制其成为重要收益来源的那块短板——规模经济，教育行业的前途自此一片光明，课堂自此面向全球。一些投资者已经意识到了这一点。一流大学的全球化则是另一番图景，它们是研究与创新的"枢纽"，吸引着教师与学生投入其卓越的学科领域之中。对他们来说，美国今天的吸引力仍是无与伦比的。现在美国三分之二的计算机、经济、工程学领域的博士生以及55%的物理和数学领域博士生都是外籍，大部分来自亚洲。2008年，清华大学和北京大学双双超越加州大学伯克利分校，成为美国博士生来源数量最多的两所高校⊖。这在亚洲与美洲之间建立起了有力的经济、文化与地缘政治联系，

---

⊖ Ben Wildavsky, *The Great Brain Race*, Princeton, Princeton University Press, 2010.

⊖ John Brainard, 《Graduates of Chinese Universities Take the Lead in Earning American PhD's》 *Chronicle of Higher Education*, juillet 2008.

而欧洲至今还无法匹敌。

第二个新特征是人员流动的作用越来越大，这也与大学极地的崛起息息相关。科技全球化的新世界越来越多地摒弃体制化的传播渠道。一个英国人在日内瓦的欧核中心（CERN）发明了万维网。一名芬兰学生发起一个巨大的网民群体，与其一起创造了Linux 系统内核，成为首个可与 Windows 或 MacOS 系统竞争的大型开放软件。一个瑞典人和一个丹麦人在塔林（爱沙尼亚）开发出 Skype。

"忘掉人才流失，想想人才循环。"加州大学伯克利分校的地理学家安娜-李·萨克森宁（Anna-Lee Saxenian）这样写道<sup>⊖</sup>。她深入研究了"海归"所扮演的角色，换言之也就是那些在美国大学接受教育的来自印度、中国、韩国或者以色列的毕业生们暂时或长期地回到他们的故乡创办企业，有时甚至是带动当地的整个行业崛起。在硅谷之外，今天的以色列是全球风险投资行业最为活跃的地区。移民创办的企业在美国占了很大比重，但他们也越来越多地将精力和对成功的渴望投入他们自己的故乡，由此与美国建立起众多合作关系。

得益于这些联系的存在，印度、中国不再仅仅是外包生产

---

⊖　Anna-Lee Saxenian, *The New Argonauts*, Harvard, Harvard University Press, 2007.

地，而是变成了产品和工艺的联合开发所在地。如今的新加坡在吸引最优秀人才方面做出了大量努力，位居全球科研人员转移的首选地，特别是在生物技术领域。

在这个由网络化的极地构成的流动的世界里，弗农式的第一梯队国家和其他国家之间死板僵化的分层理论变得不再合时宜了。一些曾被认为处于边缘地位的极地如今已变成了通达全球的枢纽。例如深圳这座卓越的制造业城市已经成为硬件领域的创新中心，吸引着全球的初创企业。地理位置已无法再束缚住创造者们的创新才能。在手机科技的舞台上，如今是中国正在领舞，与美国平分秋色甚至风采更胜。

# 第七章

## 全球价值链：分割化

在亚当·斯密（Adam Smith）著名的别针制造例子中，每个工人专门从事一项操作，任务链都聚集在同一个车间内。今天我们再看别针制造已经需要放到全世界的尺度了。生产链被分割成不同操作分散在全球各地。两种力量为这种分割化生产的出现提供了解释：一是"交换成本"的骤降，也就是说，交换所需的运输成本及税收与非税收壁垒的降低；二是计算机信息技术带来的调度巨大的分发系统的可能性。这两种力量创造了巨大的跨国活动链网络，"全球制造"成为核心准则。苹果手机集中了产自十多个国家几百个供应商的零件。

但是这种分割化只描绘出新世界的一个方面。因为并非所有在世界尺度上或构建或打散的链条都能形成如同杰克逊·波洛克（Jackson Pollock）滴画中那种难以辨认的一团线条。这些链条在工业极地中扎根，在工业极地间交汇，也强化了这些工业极地。分割化与多极化是超工业世界的两面，应当一起研究。本章将重点谈论分割化，下一章将讨论多极化。

## 任务拆解

同亚当·斯密的时代一样，专业化分工如今仍然是生产领域的推动力，它通过两种途径发挥作用。

第一种途径在于市场规模扩大带来的新型经济活动的涌现⊖，比如在大城市中，专业化服务会蓬勃发展，而在中小城市中人们往往只能找到生活所必需的服务。

这个非常古老的逻辑被互联网有力地强化了，使可触达市场的人口规模呈现出爆炸式增长，令消费品和服务的供应变得前所未有的精密复杂。克里斯·安德森（Chris Anderson）将其命名为"需求的长尾效应"，也就是说，在经济可承受的条件下维持极端细分的微型市场的可能性，而这是传统的零售流通从未触及的领域⊖。例如，这一效应令音乐领域发生了巨大的变革。与此相对应，诸如3D打印机这样的生产工具小型化技术令人们对"供给的长尾效应"的发展心生期待，这为新生的数字化手工业提供了

---

⊖ 这就是所谓的"第14个用餐者"模式，也就是如果有13个人同桌进餐，西方习俗认为这不吉利，于是就去多拉一个人来一起用餐，这种模式只可能在有足够大的"晚餐市场"的大城市中才行得通。

⊖ Chris Anderson, *La Longue Traîne*. Montreuil, Pearson, 2009（2004）.

抓住那些微型商机风口的可能性，可以实现在本地范围的商业化，也许可以达到区域范围甚至全球范围<sup>⊖</sup>。

第二种途径在于在任务模块的内部进行"拆解"，将其拆分成独立的新任务，围绕着制造活动的第三产业专业化任务的激增就是一个例证。在各种类型的活动中，信息层（控制、引导、跟踪）与体力活动分离，使新的职业得以产生。这种拆解经常是触及任务组织结构的。

在互联网的帮助下，这种拆解也越来越多地触及针对任务的空间上的变革。比如说，远程呼叫中心（或本地呼叫中心）进入我们的生活，我们已经不会再惊讶于听到一个来自卡萨布兰卡或者达喀尔的客服人员向我们解释如何重启家里的洗衣机。时差策略已经变得司空见惯，举例来说，位于纽约的办公室可以让孟买在纽约当地时间夜间对文件进行处理。使软件任务模块化要远比使实体任务模块化更为容易，因此数字化世界本身为拆解提供了几乎无限的可能（参见前文已经提及的应用程序接口和云计算）。

## 从国际全球化到跨国全球化

生产网络的全球扩张并不是一个新现象。棉纺织工业是 19

---

⊖　Chris Anderson, *Makers*, *op. cit.*

世纪最主要的工业，位列钢铁与煤炭工业之前。从 1850 年开始，棉纺织工业就已经完全是一种全球化的产业了<sup>○</sup>。而在 1850 年，这种全球范围的系统性一体化还仍然只是个例，要直到习惯上被称作"第一次全球化"的第一次世界大战前的几十年，这种一体化才开始扩展到其他领域。在经历了 1920 年到 1980 年之间的收缩与回退国内阶段后，我们才再次在现阶段的全球化中看到这种一体化的身影。必须指出的是，19 世纪末的全球化时期与当下我们正在经历的全球化时期之间存在着深刻的差异。

在"第一次全球化"时期以及随后一直持续到 20 世纪 80 年代的贸易中，参与者是国家经济体。不同的部门分支以"打包"的形式组织在一起，在一个行业领域内将从产品设计到制造的主要活动连同所有的供应商网络都聚合在一起。例如，法国的汽车制造工业几乎聚集了全法国所有的生产厂与供应商，全行业作为一个整体与德、美等国的汽车工业竞争。

在 1975 年到 1980 年之间重新开始的开放时期，我们首先经历了一个以跨国企业扩张为主的过渡阶段。随后，现有的跨国分布式价值链体系得以建立。经济学家理查德·鲍德温（Richard

---

○ Voir le magnifique livre de Sven Beckert. *Empire of Cotton. A New History of Global Capitalism*. Londres，Allen Lane，2014.

Baldwin）将这一新阶段的出现归功于计算机信息技术及其带来的协调能力⊖。事实上，这也主要依靠新一轮的海运运输成本下降。海运的集装箱化及集装箱船尺寸的惊人提升带来的规模经济效应使运输成本降低成为可能⊖。对于大部分产品而言，与其产品价格相比，海运成本几乎可以忽略不计。漫长的远洋航行带来一定的交货期限延迟，但却几乎不会增加成本！如果没有这种海上运输经济，中国在制造与出口上的崛起将是不可想象的。

在 20 世纪 90 年代与 21 世纪头十年间建立起来的基于全球价值链（global value chains，简称 GVC）的全球化，与此前的全球化有着深层次的不同。我们经常将其称作"高分辨率全球化"或者"细颗粒度全球化"，因为它将已经出现的任务拆解逻辑又向前推进了一步。生产一件产品或提供一项服务所必需的活动有时可能包含的步骤十分有限（例如一个零件的质量检测），并且不同的活动在地理上相互分散，这种全球化对这些活动构成的产业链进行拆解，引入众多的企业、

---

⊖ La littérature sur les GVC est a bondante. Pour une synthèse, voir Richard Baldwin, 《Global Supply Chain》, *CTEI Working Papers*, Genève, 2013, www. graduateinstitute. ch/ctei.

⊖ Antoine Frémont, *Le Monde en boîtes. Conteneurisation et mondialisation*, Synthèses Inrets, n°53, janvier 2007; Marc Levinson, *The Box*, Princeton, Princeton University Press, 2ᵉ édition, 2016.

供应商、服务提供商参与其中。控制这些产业链的企业以全球视野，在每一个步骤上对供应商及生产地的选择进行优化。最终的目标就是"到处采购零件，到处实施生产，到处进行销售。"其潜台词是："每次都选择能让利益最大化的地方，具体情况具体操作"。在企业内部物流曾经是不被看重的辅助性职能，现在却变成了战略性职能（与之相似的还有信息传输与流量追踪系统）。

这种高分辨率全球化在各个方面发挥作用：它将贸易、投资、专业人员的流动以及知识产权协议等实现全球化的关键因素整合在一起。当然，并不是所有的消费品和服务都适用于这些分割化的生产形式。在汽车制造等行业中，价值链主要还保留在欧洲大陆上（如德国和其他中欧国家组成的联合企业）。农产食品加工业和水泥工业并不适合全球范围的分割化生产。最庞大且分割化程度最高的行业网络毫无疑问是高度模块化的科技产品生产网络（计算机、电子产品、智能手机）。这种全球化的主要参与者是来自发达国家的跨国企业，但我们也能在其间找到来自发展中国家的跨国企业、微型跨国企业，甚至是从其创立之初就已经国际化了的初创企业。如今，参与全球博弈不再需要达到庞大的规模。

这种跨国的全球化给经济统计带来了难题，它让经济学家和统计学家惯常使用的"方法论上的民族主义"[一]失去了用武之地，这是由于所谓的"国际"贸易在很大程度上已经变成了在横跨不同国境的价值链上进行的部门间或企业间的零件半成品或中间服务贸易。交易总额（国家的贸易逆差或顺差）因此变得很难准确得出。如果我们摒弃从前使用的毛资金流量而是改为基于每个国家的"附加值"来进行核算，我们将得到一张完全不同的报表。举例来看，针对美国对中国的贸易逆差，或者金额更低些的欧洲对中国的贸易逆差，如果我们以附加值来进行核算，那么得到的数字就会大大降低[二]。

这些统计数字有助于确定不同国家参与全球价值链的深度。法国的情况处于中间水平，与德国接近。了解出口数据中所包含的来自国外的附加值占比是大有益处的。这一占比基本上在所有国家的数据中都显著升高。从 1995 年到 2011 年，国外附加值在本国出口中的占比，法国从 17.3% 增长到了 25.3%，德国从 14.9% 增长到 25.5%，斯洛伐克从 31.9% 增长到 46.8%，波兰从

---

[一] 方法论上的民族主义（Nationalisme méthodologique），是伴随着近代民族国家体制产生而逐步盛行并最终占据主导地位的一种人文社会科学领域的思潮，其核心内容在于将民族国家假定为对现代社会进行分析时的唯一单位。作者此处提到这一概念，即是想指出人们在进行经济统计时习惯于以民族国家为单位，而这种模型已经不再适用于当前的跨国的全球化发展模式。——译者注

[二] 经合组织和世贸组织建立了一个称为 TiVA（附加值贸易）的数据库，它能更真实地反映世界贸易的情况。Voir www. stats. oecd. org.

16.1%增长到 32.4%<sup>○</sup>。

# iPhone——中国"出口"，美国获利

苹果的 iPhone 手机是细颗粒度全球化的一个绝佳例证。这可绝非一个无足轻重的例子，因为智能手机可能会作为 21 世纪初期最有代表性的产品而载入史册。

iPhone 对于美国出现表面上的贸易逆差起着巨大的作用。iPhone 在中国进行组装，因此被计入中国向美国出售的产品之列。但经济层面的事实却完全是另一回事，因为 iPhone 在中国产生的附加值在其总价值中的占比非常低！美国对中国表面上的贸易逆差接近 20 亿美元。如果按照附加值进行核算，这一逆差数字就将变得可以忽略不计。iPhone 的价值链在原理上非常简单，所有的上游职能（研发、设计、市场营销）全都集中在硅谷的库比蒂诺。

其零件的采购是全球化的，苹果公司可以借此让供应商名录中的几百家企业互相竞争。在这些供应商之中，约 15 家是战略供应商，提供微处理器、玻璃和显示屏、内存、摄像头。法国在

---

○　TiVA 数据库信息。

iPhone 的价值链上处于边缘地位，法国意大利合资企业意法半导体公司（STMicroelectronics）供应陀螺仪，这一部件在法国普罗旺斯艾克斯市旁边的莱米耶镇制造⊖。在浏览供应商名单时，可能会让我们大吃一惊的是苹果的主要竞争对手三星的特殊地位，它提供的零件占据了将近30%的价值。

这是一个很好的"竞合"场景的例子——竞争与合作并存，这种情况在高科技行业越来越常见，在汽车行业中也是如此⊖。iPhone 的组装完全在中国进行，一部分由富士康（鸿海科技集团）在深圳的大型工厂内完成，另一部分由另一家"接单生产模式"的大型企业和硕联合科技公司（Pegatron）在上海郊区的大型工厂内完成⊖。零售分销路径被最大限度地简化。线上订购的产品由联邦快递（FedEx）和联合包裹（UPS）从中国直接配送到客户手中。针对零售店铺构成的销售渠道，苹果在加利福尼亚州运营着唯一的中央仓库，对此进行统一调配，而其呼叫中心也在这里。

---

⊖ 在 2010 年，在 iPhone4 上这个部件的成本约为 2 美元，而其所有组件总成本为 178 美元。

⊖ 虽然这么说，但是在 iPhone 7 的生产中，苹果用半导体厂商台积电（TSMC）取代了三星，并将 iPhone 处理器的独家代工权交给了台积电。

⊖ 2010 年，苹果与和硕签订了大量订单，将其纳入其合作厂商体系，以建立两家合作组装厂商并立的竞争格局。和硕还承担惠普的个人计算机和微软的 Xbox 游戏主机的组装业务。

　　iPhone 的附加值、工资以及利润是怎样分配的？大致上三分之二的就业岗位在美国之外（主要在中国），但三分之二的工资支出却流向了美国。流向中国的工资只占零头：占总成本的 2% 到 3%！大部分的利润流向美国的苹果公司。iPhone 6 平均售价为 600 美元，其零部件成本在 200 至 240 美元之间，而在中国进行的组装的成本微乎其微。从这个例子中我们可以得出四个教训：

　　1）即使深圳和上海的工资水平飞涨，iPhone 的利润成本公式也不会有什么大变化，而工资水平提高已经部分成为现实。在中国进行组装的原因在于其雇用劳动力的灵活性，并且与零部件的亚洲供应商相临近。2012 年，巴拉克·奥巴马（Barack Obama）公开向史蒂夫·乔布斯（Steve Jobs）问及 iPhone 在中国造就的就业岗位能否回迁到美国[注]，后者对这一问题的回答是：绝无可能。对于苹果的管理层来说，没有任何一家美国工厂有能力与中国工厂相匹敌，只有中国工厂几乎能够瞬间实现产能提升或降低。

　　2）尽管对于苹果的印象经常与其设计和科技创新联系在一起，但其优势主要在于其商业与物流效率。物流负责人蒂姆·库克（Tim Cook）成为史蒂夫·乔布斯的接班人并非偶然。

---

　　[注]　*The New York Times*，22 janvier 2012.

3）"垄断性竞争"能够带来巨大的利润。世界各地的消费者（今天，仅中国市场就贡献了 iPhone 销售额的 24%）帮助一个非常昂贵的产品在一个有众多物美价廉的竞品的市场中保持着领先地位，但这个领先地位非常脆弱。

4）如果说在苹果的全球化过程中美国是最大的赢家，那么从中获益的可不是所有美国人。蓝领阶层在其中一败涂地，生产的全球转移极大地加剧了内部的不平等。

## 价值链的收缩和去全球化会发生吗？

自 2008 年至 2009 年的经济危机以来，全球化似乎进入了一个新的阶段。在经历了二十年增量超过全球生产总量的强劲增长之后，如今的全球贸易增长速度低于国民生产总值的增长速度，稳定在了国民生产总值的 30% 左右。金融一体化的趋势已经被颠覆。外商直接投资在 2006 年达到了历史最高水平。在 2009 年的投资额大跳水之后，直到 2014 年前都只是主要在新兴国家略有增加。但在 2015 年，外商直接投资再一次经历强劲增长，这一次惠及发达国家，尤其是美国（与当时的一轮并购热潮有关）。旨在维护国家利益的限制性政策卷土重来。许多观察家由此毫不犹豫地开始谈论"去全球化"。但是，没有人能说清这究竟是一时的停顿还是真正逆转的开端。

　　而现有的数据并没有表明贸易增长的放缓对价值链的广度产生了影响。从 2009 年到 2011 年（2011 年是截至本书成书时已知的最新数据年份），一个已经提及的指数（国外附加值在本国出口额中的占比）几乎在世界各地都在升高。这一现象出现在法国、德国、美国，也更为明显地出现在日本及印度。媒体经常谈论的"再本地化"现象实际上是非常罕见的。最显而易见的变化是服务业在国际经济流通中的地位在持续提升。尽管如此，这一提升并没有使情势更为明朗。实际上，世界越相互连通，我们越无法看清它的全貌。以软件行业为例，有分包商充当替身，有云计算可以依赖，各种"beta"版本（测试版）软件在全球范围流转，谁能看清贸易的真正地理脉络呢？

　　价值链的收缩为什么有可能发生呢？第一个经常被提及的原因就是工资的趋同。但我们之前谈到过，这个工资的问题只在劳动力高度密集的行业中才是首要问题。其实，我们看到这些行业在向非洲、南亚国家迁移。对于科技消费品来说，情况则完全不同，其最密集的贸易都是在发展水平相近的国家间进行的。如果中国的劳动力工资及技能水平获得提升，那么它与发达国家的贸易往来会变得更为密集，而非相反。

　　第二个原因在于环境的可持续性。零件与产品要在如此远的距离上流转，这是合理的吗？回到过去更短距离的流转模式是否会是更负责任的做法？这个话题经常被环保主义者提起，例如，在 2015 年联合国气候变化大会上，很多人认为维持全球贸易是温室效应气体排放以及环境污染的主要因素，对由此造成的困境表示遗憾。而令人惊奇的是，这一核心论点缺乏文献依据。航空货运在很大程度上是航空客运的副产品。至于海上货运，其二氧化碳排放的直接成本有限。从运输每吨货物对应的二氧化碳排放量来看，海运远低于承担终端运输任务的陆路运输。实际上，真正高洁的世界将是一个所有人都住在大型枢纽港口的世界！

至于带来的损失就是另一回事了，而损失确实是存在的。考虑到在全球体系中的重要性，对海运的监管显得极端不足。海运使用品质非常低劣的燃油，给港口区域带来严重的污染。更为严重的是，因为将低环保标准及大量使用高化石能源的工厂及国家纳入全球流转体系，全球价值链助长了气候变暖现象。这是全球价值链的主要影响，比其带来的运输增长更为影响深远⊖。

还有第三类影响可能会减缓全球价值链的扩张，即安全与可靠性风险。这些风险来自全球流通的分支，它们如此繁杂，以致

---

⊖ Bo Meng, Glen Peters et Zhi Wang, 《Tracing CO$_2$ Emissions in Global Value Chains》, Institute of Developing Economies, *Discussion Paper* n° 486, décembre 2014.

有时需要从缺乏管控的地区过境（如一些港口和海峡）、对苏伊士和巴拿马的地缘政治依赖、货币风险等。事实上，全球价值链提升的纯"经济"表象中有一部分是虚假的。地缘政治利益将持续扮演核心角色，其重要程度可能还会有所上升。

## 去全球化一波未平，区域化一波又起

这种区域化正在发生，呈现为人们谈论的"美国工厂""亚洲工厂""欧洲工厂"。当我们从旁审视零部件贸易的模型时，这种三足鼎立的局面就很明显了。美国—墨西哥—加拿大是个老牌阵营，作为这个阵营组成部分的墨西哥情况十分特殊，其出口额中来自国外的价值占到65%，37%来自美国，而15%来自中国和韩国。

过去几十年中最为引人注目的现象是位于东亚的"亚洲工厂"的崛起。而这个区域内的国家各自同西方的双边关系密切程度远高于区域内国家之间，在日本与中国的竞争对立背景之下，这个被称作"亚洲的地中海"○的区域成为同世界相互连通最为紧密的经济区域。中国具有宏大的地缘经济与地缘政治视野，希

----

○ Selon le livre de François Gipouloux, Paris, CNRS Éditions, 2009.

望一方面把这个区域与欧洲通过陆路（公路及铁路）连接起来，另一方面借助在基础设施、港口及其他领域的大规模投资政策来重振东亚和南亚的海运网络。这就是 2013 年底提出的"一带一路"倡议，这个名字从字面来看西方可能难以理解，其本意是"新丝绸之路"。

欧洲终于在很大程度上成为了一体化程度最高的区域，但似乎也是最为封闭的区域。欧洲的出口额在持续增长，但其新近的增长都是来自欧洲国家对欧洲区域外部的出口，德国的情况尤为如此。公共和私人的投资仍然处于较低水平，更甚者，欧洲国家之间的交叉投资几乎已经停滞了！像德国这样的拥有大量储蓄盈余的国家在向世界其他地区的国家放贷，但不向邻国放贷。我们已经走出了发达国家的巨额债务由新兴国家提供资金的奇特时期，不平衡仍然存在，但现在是欧洲人在提供资金<sup>⊖</sup>。去全球化还没发生，但是去欧洲化却开始了！

最后，还有一个已经提到的巨大问题，它隐藏在中国和其他少数赢家的发展轨迹之下，即发展中国家真正融入世界游戏的问题。为什么价值链几乎都是在东西方之间建立起来的？为什么美国与（除墨西哥外的）拉丁美洲之间的联系，或者欧洲与非洲之

---

⊖ Anton Brender，《Comment la zone euro finance le monde》，*Les Échos*，1<sup>er</sup> juin 2016.

间的联系就一直如此微弱呢？这是个重大的问题，特别是如果考虑到这种按时区划定的"橘子瓣"○形状区域之间的全球化模式会带来的挑战与优势的话。显然，对此的解释是经济层面的（如国内市场的疲软），但也要涉及地缘政治层面。除了目前以中国问题为主的讨论之外，这一问题可能将是 21 世纪的巨大挑战，对于欧洲以及欧洲与地中海以南的非洲之间的关系而言尤为如此。

---

○　Jean-Louis Guigou, *Le Nouveau Monde méditerranéen*, Paris, Descartes&Cie, 2012.

# 第八章

## 全球价值链：多极化

借助卫星拍摄到的地球夜间灯光强度图，我们可以对全球经济活动的分布做一个合理的大概估算。我们能从中看到什么呢？能看到在这个星球上有大概一半的经济活动集中在十几个大城市区，它们位于美国的大西洋及太平洋沿岸、欧洲特别是欧洲北部、印度的大城市以及由日本、韩国和中国构成的东亚区域。

全球价值链首先将这些区域连接起来。在这些价值链之上，拆解与分割并不是全部的趋势，强大的集聚力量与之此消彼长。思想与科技的传播所适用的规律，也适用于整个生产活动——流动性越强，集聚的力量就越大。

## 集聚效应的过去和现在

企业的本地化战略并不是凭空出现的，它与企业的其他战略相互影响，并需要依赖基础设施、资源池、本地劳动力与服务市

**111**

场。强大的集聚力量借此将企业逐渐汇集在一起。从地理经济学角度可以对此给出两种核心解释：

1）庞大的需求市场及临近客户带来的优势（挂钩下游）。

2）众多相互竞争的供应商的存在（挂钩上游）。

这些集聚效应主要体现为价格上的优势，也就是"金钱外部效应"。举例来说，越多的供应商聚集在一起，意味着他们之间的竞争就会越激烈，于是价格就会越低。而在当前的背景下，我们要考虑一下这些影响是否还像在传统理论中那样发挥着决定性的作用。毕竟，全球化的本质就是在激发供应商之间竞争的同时能够获得不仅局限于本地市场的客户。

其实在我看来，基于不同逻辑的三种新集聚力量在今天扮演着核心角色。

第一种集聚力量是灵活性。在任务加速拆解的背景下，大城市或城市区显示出关键性的优势，能够对活动链条进行快速灵活的重组。这也正是洛杉矶的电影业、时尚业、出版业长期以来的运作模式，这些行业历来都是按照大量专业参与者的分工来进行分割的，是典型的扎根大都市的行业。如今，这种持久的重新调配能力对于其他许多行业来说也变得至关重要。本地资源市场（劳动技能、服务）规模越大，这些资源进行灵活匹配的能力也就越高。

第二种集聚力量是捉摸不定的知识流转，这主要通过企业之间人员的流动呈现出来。有些经济学家不怎么喜欢这种力量，因为它难以量化。许多观察家认为硅谷的主要实力正是来自于其充当了巨大的人才流动库。在硅谷，对企业的忠诚度并非最被看重的美德。

最后，第三种集聚力量很简单，就是人们对生活和工作地点的选择倾向。今天对于绝大多数的活动来说，选址所受有形物质因素的限制越来越小，比如自然资源或者原材料的获取，甚至是大量普通劳动力的获得。企业因此越来越倾向于依据战略型劳动力的期望来选址，这里的战略型劳动力也就是指最高级别的技能人员，尤其是在劳动力市场上最为抢手的年轻管理人员。

经济增长极地经常位于非常宜居的地方，这并非偶然。对阳光的迷恋和对舒适居住环境的热爱是超工业世界的强大推动力。今天我们看到企业里那些曾经选址在郊外生产园区的部门重新回到了生机勃勃的市中心，这与那些受过良好教育的年轻员工们的期望有着直接关系⊖。

---

⊖　这一点在美国尤为明显，回归市中心的情况大量出现，经常使房地产市场价格飙升，比如现在的旧金山。

# 飞地经济体、经济特区、大都市区

集聚效应并不仅仅发生在本地范围。最近几十年中，集聚效应主要发生在国家层面。如同我在上一章提到的那样，这一时期，国家都或多或少地发挥着仅有的"经济聚集区"功能。法国的汽车工业以前全是法国制造——设计部门在巴黎，工厂在索绍和塞纳河谷，专业供应商在巴黎郊区或中部地区，轮胎在克莱蒙-费朗。而如今，集聚效应再次主要体现在国家层面之下。

地图上的国家地理疆域可以用四种颜色来描绘，但如果想用这种方法来解释当今的经济世界就显得不合适了。现在大都市在国际网络中的融入程度与其在国内网络中的融入程度一样高，例如，在英国脱欧投票中清楚表明，伦敦与英国其他地区的矛盾程度，并不弱于英国广大地区对于欧洲的不信任程度。与科学领域一样，生产领域也呈现为一个由极地构成的群岛结构，全球价值链、企业网络、职业社群、聚合群体在其间起到联系的作用。应该强调的是，这绝不意味着国家已经完全失去了掌控。通过其战略手段及法律手段，国家仍然是核心参与者。但流通系统和多极化的形式给它们内部凝聚力带来了巨大的压力，它们现在必须向其做出让步。

简单起见，让我们记住这三类全球价值链交汇和转换的极地：飞地经济体、中等城市里的经济特区、大都市区。

我所说的"飞地经济体"（或"铁丝网下的经济体"），指的是由那些在容留它们的社会里或多或少地享受治外法权的地点构成的全球网络。我们可以举出很多例子，比如美国军事基地群（在美国境外有约 800 个基地，分布在 63 个国家）、采矿场群、油田群、某些位于野外的大型港口群，还有类似超大型计算机服务器集群这样的大型耗能场所群等。

我们再来看星罗棋布的经济特区。这是全球化中被忽略的一个维度。我之前已经提到了这些特区在欧洲工业史中的重要地位。这种专业化的集聚模式由无数连成网络来运作的既相互竞争又相互合作的小企业构成，目前仍然以全新的和不断演变的形式存在于意大利中部。这种模式如今的发展土壤主要在发展中国家。印度、巴基斯坦、巴西、非洲充斥着这样的特区，且往往集中于仍然保持劳动密集的轻工业。最大的问题是要了解这些本土化结构能否撬动一个更为全球化的发展轨迹。

中国的情况格外引人关注，其非凡的工业增长基于两条道路。

第一条道路是"自上而下"的，即在 1980 年后由政府推行的作为出口基地的经济特区。在最早于深圳经济特区等地取得了第一手经验之后，中国又设立了其他经济特区，并且取得了巨大的成功，许多国家纷纷效仿。这些经济特区获取了大量的外商直接投资，但其雇用劳动力数量不超过中国就业人口的 10%。

第二条道路则是"自下而上"的，即高度专业化的产业区的自发性发展，特别是在浙江、广东、福建和江苏等沿海省份[一]。以浙江省为例，全省有 300 个产业集群的产品跻身世界前十。浙江省的大唐镇是国际袜都，在制袜领域遥遥领先。江苏省的杭集镇生产了世界上 30% 的牙刷。这些产业区中很多最早是由华侨出资兴建的。一些产业区融入了复杂的全球价值链，另一些直接将产品销售给全球的大小零售商，如沃尔玛、非洲零售商、海湾地区的超市等。印度也有众多的产业集群，但我们对印度的关注更多地被位于班加罗尔的信息技术企业的"闪耀的印度"口号所吸引了。

另外极地构成的群岛也是最重要的一个，即多业态的大都市，其在世界经济中的比重不断增强。2008 年，仅东京或纽约（二者大致相当）的集聚效应带来的经济比重就与巴西或西班牙的经济比重基本相等了，大概是葡萄牙的 5 倍，瑞典的 3 倍[二]。

---

[一] Voir Lu Shi et Bernard Ganne, *Comprendre les clusters du Zhejiang*, halshs. archives-ouvertes. fr/halshs-00355896.

[二] Pour une vision d'ensemble de l'urbanisation dans le monde, voir McKinsey Global Institute, *Urban World：Mapping the Economic Power of Cities*, 2011.

这些大城市区的发展动力来源被人们反复分析。

正如社会学家萨斯基雅·萨森（Saskia Sassen）研究伦敦、东京和纽约时所指出的那样，大都市集中了所谓的高级职能，特别是金融○。但是在我看来，关键在于大都市的优势绝不仅限于此○。正如我在前面部分已经提及的那样，上下游市场的规模、价值链中资源匹配的灵活性、思想与技能流通的顺畅性以及就业人口对居住地的选择，这几点是令大都市多极化模式与超工业化如此契合的关键力量。

当然，跨国价值链中支点和联络点的作用只能部分解释大都市的发展动力。就像卢多维克·阿尔贝（Ludovic Halbert）强调的那样，城市同所在地区及所在国家的绑定关系与城市在全球网络中的定位，这二者之间存在着持续的复杂的相互作用。"枢纽"和"生态系统"这两个概念可以对此做出解释。

## 枢纽

找两幅地图对比一下，第一幅是国道或省道的公路地图，第

---

○ Saskia Sassen, *The Global City：New York*, *London*, *Tokyo*, Princeton, Princeton University Press, 1991.

○ Voir Ludovic Halbert, *L'Avantage métropolitain*, Paris, PUF, 2010.

二幅是航空线路或高速铁路的地图。在前一种地图上，每一个节点上的连边数量变化很小，整体接近平均值，在坐标系里呈现为一条钟形曲线。在后一种地图上，每一个节点上的连边数量差异巨大，一些节点上聚集了远比其他节点多得多的连边——这些连边多的节点就是"枢纽"。这一差异可能显得太过学术，但这对于理解超工业世界绝对至关重要。这种包含枢纽的网络也被称作"幂律网络"⊖，在现代世界随处可见。为助力科学家或艺术家之间的合作而搭建起来的互联网就是一种"幂律网络"，类似的例子还有细胞内蛋白质之间的相互作用网络、社交网络、航空网络、高铁网络……

枢纽是如何形成的？只需要新进入网络者倾向于连接到有更多连边的节点上，由此整个网络就将逐渐向围绕着枢纽的中心化的方向发展。我们可以立刻想到，这种聚合在一个开放的世界里要比在一个对交流迟疑不决的世界里发展得更快。

邮政寄递行业（快速货运支撑的包裹投递）给世界带来了巨大的惊喜，联邦快递于 1973 年在美国的地理中心孟菲斯建立了

---

⊖ 这种网络被称作"幂律"（Powerlaw）网络是因为每个节点上的连边数量（在图论学中，这被称作"度"）以负幂形式逐渐下降，在现实情况中幂指数一般在 2 和 3 之间。Voir Albert Laszlo Barabasi, *Network Science*, téléchargeable sur *barabasilab. neu. edu.*

其首个航空物流枢纽，利用同一个分拣平台将所有包裹在这里进行转运。这种类似自行车辐条的结构的优点非常明显。假设需要连接 20 个城市（实际上要连接的城市数要远多于此），那么这种枢纽转运中心的结构需要包含 20 对双向往返的通路，而如果要把这 20 个城市点到点都连接起来则需要 190 对。因此，这种模式就欣欣向荣地发展了起来。

2007 年时，孟菲斯是全球最大的货运机场，位列香港和安克雷奇（阿拉斯加）○之前。航空客运枢纽遵循类似的逻辑。为了在不大量增加往返航班数量的前提下运送更多的旅客，解决方案是把旅客聚合在一个平台上并在最短的时间内安排最多的换乘。不同枢纽之间的竞争异常激烈，因为枢纽成了夺取交通流量的核心工具。海运枢纽则还有一些差异，显然，把船只都聚合在几个中心点是不现实的。

但是大型集装箱航运公司找到了另一种方法：班轮定期环球航行，在固定的日期停靠主要的港口。由于要尽可能减少船只的停驶时间，经停的港口数量变得越来越少。一种分级的架构建立了起来。一线枢纽（在欧洲包括鹿特丹、安特卫普和汉

---

○ 巴黎戴高乐机场也是一个核心枢纽，这一方面是因为联邦快递的欧洲转运平台位于此处，另一方面是因为很大一部分航空货运是通过使用客运航班的腹舱来实现的。

堡）同其他港口之间通过支线航线连接起来，并使用公路和铁路把货物运送到内陆地区。在物流系统的架构中也采用同样的中心化逻辑。

普遍的趋势是大幅减少货物中途集散地的数量，某些行业就是这么做的。一个典型的例子是切花行业。当你在巴黎或者柏林的花店里购买一束花的时候，不管这些花的原产地是哪里（肯尼亚、摩洛哥或者荷兰），它们很可能都是从阿姆斯特丹机场附近的两个枢纽市场转运而来的。

我们也会提到"金融枢纽""艺术枢纽""技术枢纽""科学枢纽"。而经济学家恩里科·莫雷蒂（Enrico Moretti）将一些正处于上升期的美国大都市称作"人才枢纽"⊖。这种比喻很大程度上是合理的。我们以大学及其与企业的关系作为例证。制药业是最积极主动在大学校园"安装传感器"的行业之一，希望借此享受大学的基础研究成果，同时探寻优秀的初创企业团队和人才。但其关注点显然并不在于增加这种联系的数量，其逻辑在于将这种联系集中在那些优秀的、涉猎广泛的优秀的大学。作为回报，这些大学提高了自身对于研究人员和金融家的吸引力。情况因此变成了十几个工厂最大限度地集中了绝大多数的行业投资和

---

⊖　Enrico Moretti，*The New Geography of Jobs*，Boston，Mariner Books，2012.

风险投资。

这些商业的或脑力的枢纽并非新鲜事物。很长时间以来，商业网络一直是围绕在大型仓储配送中心、货物集散城市、大型商业中心的周围组织起来的，如东南亚的马六甲。但我们当下的世界所特有的互联互通造就了一个覆盖全球的枢纽网络，这是史无前例的。

专门进行流通转运的大都市枢纽开始涌现出来。在欧洲，荷兰就是这样一个围绕着鹿特丹和史基浦这两个世界级枢纽的大都市国家。另一个突出的例子是迪拜，它利用自身地处亚洲（中国、印度）、欧洲与非洲之间的独特地缘战略地位，建立起大量的专业"枢纽"。这个城市借此强化了优势，成为中东地区的金融枢纽。其机场超过伦敦希斯罗机场，成为全球第一大机场。杰贝阿里港是中东地区最繁忙的港口，并可能在 2030 年成为全球第一大集装箱港口。

最后，迪拜充当了海湾地区、亚洲、非洲中产阶级的大型超市。这里有极尽奢华的购物中心，比如内设室内滑雪场的迪拜购物中心。也有更为平民化的商场，比如龙城，这是中国境外最大的中国商业中心（有 4000 家店铺），在这里可以找到我们能想到的所有中国小商品制造商卖到非洲的塑料制品。

# 生态系统

如"枢纽"这个词一样，"生态系统"一词在最近几年成了一个飞速传播的词汇。隐藏在这两个词背后的思想有所差异但又互为补充。枢纽的力量来自其中心化，而相反，生态系统思想的力量在于其结构带来的效率，这种结构是去中心化的、开放的，由处于恒久相互作用之下的参与者构成，并得益于竞争与合作的长期共存而发展起来。然而这两个概念在重视邻近性这一点上又显得殊途同归了。在邻近性这一点上，"生态系统"这个流行语也反映出一些固有的现实，特别是我们已经反复陈述的工业区。这些基于空间与生产流程而建立起来的组织主要有四个基本的共同点：

1）共赢。这是最为重要的一点。生态系统内部企业之间的竞争可能非常激烈，但这种竞争本身就混合着不同形式的合作，这是参与者获得成功的要素。

2）成为生态系统的参与者，他们可以来自各种形式的组织，这种参与者的多样性也成为其制胜法宝：我们在其中可以看到大型企业、中小型企业、基于服务或互助机制组成的组织、大学、职业学校、协会、金融和保险机构等。

3）旧式的生态系统一般以一个行业为中心，而今天的生态系统常常是跨行业的，充分考虑了技术、消费品和服务日趋融合的特性。

4）发展是通过试错实现的，目标并非固定不变。

通过上述的特点就能发现这种模式与传统的以大公司为中心的福特模式有着明显不同。福特模式在法国衍生为重商主义模式，应用于国家主导的大型项目（核、铁路、航天）。在这种传统的模式下，研究仅限于内部，并被小心翼翼地保护了起来，横向合作机制几乎不存在。这种文化下的日子并不好过，比如，与德国相比，法国汽车制造商之间的合作还显得非常薄弱。

但事情发生了变化，开放共享的创新正在成为一种风尚，合作的空间开始建立。大企业鼓励初创企业，一方面期待从其创新精神中获益，另一方面也由于大企业知道很多杰出的年轻毕业生排斥传统的群体工作模式。2004 年，基于法国政治家及企业家克里斯蒂安·勃朗（Christian Blanc）的报告而推出的"法国竞争力集群计划"取得了意想不到的巨大成功，也正是在这份报告中"生态系统"这一提法被首次使用○，这体现出传统的中心化模式无法再像从前那样运作良好，也体现出在当前的科技条件与竞

---

○　Christian Blanc, *Pour un écosystème de la croissance. Rapport au Premier ministre*, Paris, La Documentation Française, 2004.

争条件下，能够把流动性与组织性更强的资源汇集起来绝对是更为可取的做法。

在世界各地，这种更为开放与合作的组织形式都证明了其价值。如政治学家苏珊娜·伯杰（Suzanne Berger）就揭示出了美国制造业和德国制造业的根本区别。在德国，企业处在生态系统之中，得益于区域性合作机构的紧密网络，生态系统能在金融、职业培训、出口鼓励政策方面，在联邦州层面给予企业高效的支持。与此相反，在美国的大部分地区，生态系统普遍因为去本土化和传统大型集团的退缩而萎缩，与法国一样，美国的这些传统大型集团仍然是当地经济生活的中流砥柱。

这个教训值得法国引以为戒。大量中小企业的悲剧并非源于其规模小，而是源于它们是孤立的，被切断了与外部环境之间的关联，而这一环境处于上升势头，并能给企业带来共有的学习效应。建立或者重建这样的环境是第一要务。

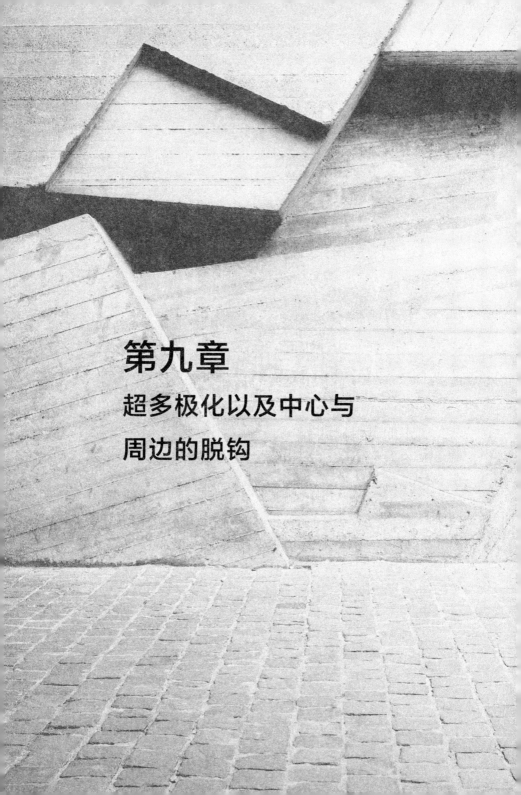

# 第九章

## 超多极化以及中心与
## 周边的脱钩

1890 年前后，埃米尔·左拉（Émile Zola）是最早（暂时）变得富有的作家之一，其年收入是同时期报酬丰厚的医生收入的十倍，相当于今天的 75 万欧元。在 2015 年，据估计《哈利·波特》的作者 J. K. 罗琳（J. K. Rowling）的年收入达到 1 亿欧元左右。那些国际化的职业正从中心化向超中心化发展，这造成了赢家通吃或接近通吃的局面$^{\ominus}$。

这种不平等最明显的例子出现在拥有全球受众的职业中（运动员、艺术家、也许很快还会包括教授线上课程的明星教师）。这一切在互联网时代之前就已经出现了苗头。1996 年，迪士尼的老板迈克尔·艾斯纳（Michael Eisner）的年收入已经达到了 2 亿美元，是底层雇员工资的 1 万倍。但显然计算机网络的力量强化了这一现象。全球最好的 100 名大提琴家或钢琴家毫无疑问都是技艺超群

---

$\ominus$　Voir Robert Frank et Philipp J. Cook, *The Winner-take-all Society*, New York, Penguin Books, 1996.

的，但在这个全球市场时代，最好还是能成为马友友或郎朗。

## 可规模性与不平等

纳西姆·尼可拉斯·塔雷伯（Nassim Nicholas Taleb）是一位非常成功的作家[○]，他在著作中描绘了两个国度并加以对比："平均斯坦"——一个遵循正态分布钟形曲线的平均的世界，以及"极端斯坦"——一个处在有明确枢纽的幂律网络之下的世界。他指出"极端斯坦"与全球化联系紧密，正在不停地开疆拓土。而大部分经济学家甚至金融家都还迷恋着平均分配的世界，没有考虑到极端情况在不断增加且已经普遍存在。

已经讨论过的可规模性问题至关重要。可规模化的活动是指付出一定量的劳动即可以多次出售而无须增加生产成本的活动。现实中许多活动很难实现规模化。一名牙医，他可以扩大客户群、提高诊疗费、用存款投资一间诊所、为大金主提供私人诊疗。但即使非常努力地工作，牙医也永远不可能像证券交易员、足球明星或者成功的互联网公司创始人那样给自己的收入数字加上几个零。

---

○ 他的《黑天鹅效应》（New York，RandomHouse，2007）一书销售了 200 多万册。

全球化和数字化产生了双重效应：它们大幅增加了可规模化的工作的数量，但同时也拉大了这种可规模化的受益者们之间的差距。它们也开启了全新的收入来源。厨师本来并不是一种可规模化的职业，但大厨可以在国际市场上将其形象和建议变现。经济学家布兰科·米兰诺维奇（Branko Milanovic）指出，这种全球不平等的根源还远没有开始式微[一]。

埃马纽埃尔·赛兹（Emmanuel Saez）、托马·皮凯蒂（Thomas Piketty）以及其他一些学者用翔实的资料证明了在个人收入和财富分配方面不平等的扩大。在 2016 年于达沃斯发表的一份令人震惊的文件中，乐施会（Oxfam）指出，全球富豪榜上排名前 62 名的富人所拥有的总财富，与全球人口中相对更贫穷的后一半人口的总财富相等[二]。法国作家蒂埃里·佩克（Thierry Pech）将法国的类似情况称作"富人的分裂"[三]。他引用了社会学家奥利维耶·戈德肖（Olivier Godechot）的研究数据：从 1996 年到 2009 年，在法国最富有的 0.01% 人口的总收入增长中，有 48% 来自金融相关职业，高于服务业与企业（23%），远远高于

---

○ Branko Milanovic, *Global Inequality*, *op. cit.*, p. 223*sq.*

○ 在本书作者此处引述数据涉及的 2016 年之后，该现象不断加剧。根据乐施会 2020 年 1 月发布的最新版报告，该数据已更新为：全球富豪榜上排名前 26 名的富人所拥有的总财富，与全球人口中相对更贫穷的后一半人口的总财富相等。——译者注

○ Thierry Pech, *Le Temps des riches*, *anatomie d'une sécession*, Paris, Seuil, 2011.

娱乐业（8%）。确实，在数字化领域取得巨大财富的法国人并不多，这与美国的情况相反，美国人从中大量获取财富并在全球不平等的加剧中扮演重要角色。

## 数字化——全球多极化的要素

数字化产业是超多极化的佼佼者。尼古拉·科林（Nicolas Colin）指出，世界上最常被使用的应用程序不是来自美国就是来自中国，所有的大型数字化互联网企业也都来自这两个国家○。这些大企业获取了大量由全球的网民协作制造出来的价值，使作为这些大企业总部、研发中心、市场营销中心、法务与财务部门所在地的美国大都市从中受益。当优步取代本地的出租车企业时，资源向优步的股东及其背后的硅谷发生净转移。在此之上还要考虑到那些避税天堂以及像爱尔兰这样的低税收中继站。也应当关注以色列，这是美国之外全球唯一大规模投资数字化的国家。

尼古拉·科林给出了这些不同寻常的数据：2012 年，在数字经济领域，美国集中了全球市值的 83%，集中了全球营业净利润的41%。面对美国的统治地位，中国决定立足其广阔的国内市场，筑

○ Nicolas Colin, *La Richesse des nations après la révolution numérique*, Terra Nova, *tnova.fr*, 2015.

起一道数字化领域的长城，最终取得了成功。百度是中国版的谷歌，目前已成为全球访问量排名第五的网站，与阿里巴巴（线上销售）和腾讯（微信的运营者）并立为中国的互联网三巨头，构成了强大的资本力量，它们直接支持其旗下的人才进入所有领域，完善了中国应用程序的生态系统（如滴滴，它成功阻击了优步）。

在欧洲，尽管今天因为新生代的话语权提升而让数字化世界显得一片欢腾，但实际上欧洲的数字化仍然处于边缘地位。借用 2013 年法国参议院欧洲事务委员会报告中的说法，欧洲就是一片"数字化领域的殖民地"。但要指出这种评价只适用于"纯"数字经济。已经谈到过，数字化也是一种助力全球价值链在所有领域扩张与合作的强大工具，而全球价值链本身就是一种用来实现把价值带回控制着战略性环节的国家或大城市区的机器。前文提到过的苹果公司的例子就是这种双重控制地位的佐证——既控制着数字化产品，也控制着工业链条，亚马逊也是同样的情况。

一个悬而未决的大问题在于数字化世界是否会继续趋向于成为一个四方来朝的数字化罗马帝国，无尽的贡品都流向这个帝国美国的中心加利福尼亚，还是说其他重大创新的极地也能够发展起来？一部分人认为数据产业（大数据）时代将比互联网时代更为开放，将能够允许世界各地基于不同的专长领域建立起一种多中心制（比如新西兰成为畜牧业极地，德国成为汽车与机床制造极地等）○。

## 大都市与其他城市

美国的这种统治性优势是惠及其整个社会与全部疆域的吗？显然不是，其国内不平等的加剧是超多极化进程的一个表现。这一现象在美国要比在法国或德国明显得多。

自 20 世纪 90 年代以来，美国不同的大都市之间在结构上发生了彻头彻尾的分化。尽管所有大都市的高等教育毕业生占比都在平均值上下浮动，但对比名列前茅的城市和垫底的美国老农业区和老工业区大都市，差距十分惊人，前者的比例高于 40%，后者则普遍低于 20%。"人才技能水平最高"的城市当然也是收入水平最高的城市。另外值得注意的一点是，在教育水平普遍较高的城市中，低技能要求的职业也能赚取到比在其他城市更高的薪酬○。

在法国，不同城市的平均受教育水平有所差异，但并不存

---

○ Voir Alec Ross, *The Industries of the Future*, NewYork, Simon&Schuster, 2016 （chapitre 6）.

○ Enrico Moretti, *The New Geography of Jobs*, *op. cit.*

在这种分化现象。在 2008 年到 2013 年之间，高等教育毕业生百分比在所有法国大城市都取得了显著增长（包括高度工业化的集聚区，如朗斯与杜埃都市群、敦刻尔克、蒙贝利亚尔）。2013 年，这一百分比在大巴黎地区为 40%（在巴黎市区为 57%）。而在图卢兹、蒙彼利埃、里昂、雷恩、南特、格勒诺布尔和波尔多等城市集聚区，这一百分比在 37% 至 42% 之间，在斯特拉斯堡、里尔、南希、艾克斯与马赛都市群则在 30% 至 34% 之间⊖。

当然，在这些从经济危机以来就垄断了新私有就业岗位的大都市与法国北部及东部经济低迷地区的中小城市之间，仍然存在着鲜明的对比。在这些中小城市，"无文凭人员"比例经常接近或超过 50%，而其高等教育毕业生比例处在 15% 到 20% 之间。但与美国相比，法国大都市的结构还是要均匀得多。

## 中心地区与周边地区联系的历史性断裂？

除了上述不平等情况之外，根本的问题是受益于全球化的极地与其他地区之间的关系问题。这个问题包含两个层面：这些极

---

⊖ Données INSEE, unités urbaines, 2008-2013, population non scolarisée de 15 ans et plus, diplôme le plus élevé obtenu.

地是否能够通过公共或私有的资金流将财富向其周围的地区进行再分配？经济增长是否能够通过与极地相关联的新活动的出现向外扩散？过去或许如此，如今怎么样并不确定。这带来了过去与现在之间的一个重大历史性断裂。

2009 年，世界银行抱持的理论发生了重大转变。在长期坚守乡村带动发展的观点之后，世界银行开始注意到城市的推动力，在"新地理经济"的影响下，世界银行认为应该开始支持大都市的发展，把大都市视作唯一能够拉动增长的火车头。但这一理论背后隐含的假设是重新分配和扩散的过程将必然出现。

"中心-周边"○模式是我们看待世界最自然的模式之一。城市与乡村、大城市与附属小城市、首都与外省——这一对对组合看似不可分割。周边地区供养中心地区，无论是字面意义上还是比喻意义上都确实如此。作为回报，中心将制造出的财富向周边重新分配与扩散。对此最好的例子就是法国巴黎与其余地区之间由来已久的互惠关系。外省供养了巴黎，为巴黎提供其建设所需的材料与人力，维持行政运转，使工业的产生与发展成为可能。

克勒兹省的泥瓦匠，萨瓦省的烟囱工、煤炭商，莫尔旺地区

---

○ 这里用"周边"这个词指的是地区范围内的、国家范围内的或国际范围内的偏远地区，而不是城市内部的郊区。

的保姆，布列塔尼大区或阿尔萨斯大区的女佣、邮递员、铁路工人，各行各业的人员大量聚集在首都，这种协同效应的实现得益于众多的临时或永久的人口迁徙。随后，第二次世界大战后全国生产领域的统一化强化了这种协同效应，就像洛朗·达弗齐（Laurent Davezies）⊖指出的那样，今天这种协同效应主要依赖公共或私有资金流的再分配带来的供给。

但如今全球化与互联互通正在破坏这些邻近性协同效应的基础。过去由邻近地区供给的资源，甚至只有邻近地区能够供给的资源，如今几乎都可以在国际市场上获得，不论是食物、材料，还是工地劳动力、新形式的家政雇佣，甚至某种程度上还包括高技能要求的劳动力，无不如此。中心与周边之间的紧密联系被由无数周边地区构成的国际化市场取代了。

廉价航空运输尤其显著地改变了既有格局。与广为流传的口号不同的是，富有的中心地区总是需要穷人的，但他们更希望用临时合同去雇用在别处的穷人或者从别处来到中心地区的穷人。这些中心地区不想再要那些与他们以一种长期关系绑定在一起的穷人。那些曾经是资源的临近的周边地区很多都变成了负担。大量的潜在劳动力被排除在大都市间的发达经济流通环路之外。这

---

⊖ Laurent Davezies, *La République et ses territoires*, La République des idées/Seuil, 2008, et *La crise qui vient*, La République de sidées/Seuil, 2012.

就是经济学家皮埃尔-诺埃尔·吉罗（Pierre-Noël Giraud）所说的无用之人，他引用了经济学家琼·罗宾逊（Joan Robinson）的名言："被资本家剥削的痛苦与根本不被剥削的痛苦相比，简直是小巫见大巫⊖"。

通过对分离主义运动在全球范围内的抬头进行分析，洛朗·达弗齐指出，如今是最富有的地区对分离主义的道路最为热衷⊖。对国家预算或联邦预算做出了最大贡献的地区开始重新质疑其分摊的份额，甚至直接质疑是否应当上缴税收，这种现象几乎到处都有。我们可以借用英语中的说法"Devolution"（分权）来定义这一趋向，而这并非是欧洲所独有的。

在美国，一些科技精英人士为将加利福尼亚州一分为六而积极奔走，希望能够"解放"硅谷，允许其自治并向首都华盛顿派驻自己的参议员⊜。这一思潮的领袖们始终不忘宣扬民族国家的终结，宣扬其中生产力最高的地区取得自主权的必要性。基于此，日本学者大前研一（Kenichi Ohmae）力推紧凑型区域国家的理念，以此作为周边地区给充满活力的极地城市带来的不合理负

⊖　Pierre-Noël Giraud，*L'Hommeinutile*，*op. cit.*

⊖　Laurent Davezies，*Le Nouvel Égoïsme territorial*，La République des idées/Seuil，2015.

⊜　Marcus Wohlsen，《SiliconValley's Plan to Split California Into 6 States Just Might Succeed》，*Wired*，juillet 2014.

担的替代方案。与亚洲的很多人一样，大前研一也为新加坡模式而倾倒。新加坡成功地将被迫脱离马来西亚联邦扭转为一种制胜战略。前卫评论作者帕拉格·康纳（Parag Khanna）为民族国家做了辩护，认为民族国家将同其他要素一同在世界中发挥参与者的作用，民族国家的核心结构将变为新的价值链的核心架构。

确实，城市国家（新加坡）和小型国家（爱尔兰、波罗的海三国、瑞士）在发展上一帆风顺。它们不仅不用承受落后区域的负担，还可以实施那些对于大型国家来说完全不可能的宏观经济战略。得益于激进的税收和监管体制，城市国家吸引了投资，在国际经济中"搭便车"。

关于英国脱欧，帕拉格·康纳写道："伦敦应该脱离英国"。但他也补充道："但这不会发生，因为伦敦还想继续统治一个国家，所以出于对自身繁荣的考量，只希望这个国家将最轻的负担指派给伦敦"⊖。这说得再清晰不过了，但唯独没有考虑到一点：那些被当作所谓负担的人的意见！

在这种分离主义思潮方面，英国脱欧是一个特别值得关注的事件。实际上这是第一次有人明确宣扬一个大都市（可不是随便一个大都市，而是全球最主要的金融中心）和与其长期被视为一

---

⊖ *Foreign Policy*, 28 juin 2016.

体的国家之间的分离。尽管伦敦以压倒性优势投票支持留在欧盟，但在首都之外，只有少数几个大都市中心（曼彻斯特、利物浦）以微弱优势支持留欧。英国第二大城市（伯明翰）投票反对留欧，所有的工人中心，包括那些得到欧洲最多援助的地区也都反对留欧。

实际上，英国人表达了他们的感受，认为伦敦早就已经抛弃了他们走上了另一条道路。实际情况是，自 2008 年以来，英国 70% 的新就业岗位出现在伦敦这个位于东南部的大都市，伦敦已经在很大程度上如同一个城市国家一般在运转。强化这种事实上的分离主义战略的诱惑巨大，比如降低企业税收成本，把伦敦建成泰晤士河上的新加坡，但这么做可能会进一步恶化国家的整体情况○。在 2016 年美国大选中，唐纳德·特朗普（Donald Trump）的支持者主要分布在周边地区，而希拉里·克林顿（Hillary Clinton）赢得了大量大都市中心的选票，这一选票的地理分布也明白无误地暴露出中心地区与被忽视的周边地区之间的巨大鸿沟。

---

○　Voir Vincent Collen，《Face au Brexit, l'offensive fiscale de Londres pour retenir les entreprises》，*Les Échos*，7 juillet 2016.

# 结语

## ——法国与欧洲独有的优势

在这种满是分崩离析力量的大背景下，应该着重强调法国、德国以及欧洲国家所普遍具有的优势。法国有着三大显著优势：

首先，法国抱持着对平等的激情，虽然这一点经常被嘲讽，但它令法国人不至于对广泛的竞争毫无顾忌欣然接受。举例来看，尽管在实践中对于一部分地区在政策上显得束手无策，但法国人无法接受抛弃这部分地区的做法。

其次，洛朗·达弗齐所描述的财富的重新分配与循环流通进程力量强大，这种进程既发生在全国范围，也发生在相对更为本地化的范围，围绕在区域性大都市周围而进行○。这大大缓和了生产经济的超多极化趋势。

最后，距离巴黎高铁车程 2 至 3 小时的外省大都市构成了环巴黎都市圈，我们可以在其中找到如今法国最为生机勃勃的地

---

○　Laurent Davezies et Magali Talandier, *L'Émergence de systèmes productivo-résidentiels*, Paris, La Documentation française, 2014.

区，这造就了一种独一无二的地域格局，使法国内部连成网络，也完美连接了法国与邻国（图卢兹与伊比利亚半岛、斯特拉斯堡与莱茵河走廊组成的欧洲高等教育中心、里昂与阿尔卑斯山地区组成的欧洲制造业中心、马赛与地中海地区等）。

事实上，如果我们愿意从更高一些的视角来审视法国，那么法国会显得越来越像是一种分散式的大都市，一个正在形成中的独特大都市，它相比于德国更具优势，因为法国拥有一个世界级的中心地区——巴黎。这个中心如今遇到了困难，这主要是由于其治理上弊端重重，但好在区域性大都市的活力抵消了这些弊端，特别是法国西部的大都市⊖。

至于社会地理学家克里斯托夫·吉吕（Christophe Guilluy）提出的法国充满活力的大都市与周边地区的普遍分隔，这一观点显得过于简单了⊖。确实，由于传统工业遇到危机、缺少大都市、一直未能被抚平的战争创伤，法国从阿登省到中央高原这条法国版图对角线划过的辽阔区域正处于人口和经济上的脱钩状态。对于法国其他地区，分隔更多的是社会学上的和文化上的，而不是国土概念上的。大部分穷人居住在大城市，而在中小城市则是萧

---

⊖ Pierre Veltz, *Paris, France, Monde. Repenser l'économie par le territoire*, La Tour d'Aigues, Éditions del'Aube, 2012.

⊖ Christophe Guilluy, *La France périphérique. Comment on a sacrifié les classes populaires*, Paris, Flammarion, 2014.

条地区与繁荣地区兼而有之。

我们必须接受这样一个事实：在细颗粒度全球化背景下，格局已经发生了深刻的变化。那种在不同程度上整合为一个整体的"法国经济"已经不复存在，只有一体化的欧洲经济才能与美洲及亚洲的区域经济分庭抗礼。而对于法国来说，在我们的城市中，在我们的省区里，到处充盈着能够创造未来就业机会、吸引未来就业机会、留住未来就业机会的能力与才华。投身创新以拥抱全新的超工业世界正当其时。

La société hyper-industrielle/by Pierre Veltz/ISBN：9782021331820

© Éditions du Seuil et La République des Idées, 2017.

This title is published in China by China Machine Press with license from Éditions du Seuil et La République des Idées. This edition is authorized for sale in China only，excluding Hong Kong SAR，Macao SAR and Taiwan. Un-authorized export of this edition is a violation of the Copyright Act. Violation of this Law is subject to Civil and Criminal Penalties.

## 图书在版编目（CIP）数据

超工业时代/（法）皮埃尔·韦尔兹（Pierre Veltz）著；张思伟，费勃译.—北京：机械工业出版社，2021.11

ISBN 978-7-111-69480-9

Ⅰ.①超… Ⅱ.①皮… ②张… ③费… Ⅲ.①数字技术-应用-工业化 Ⅳ.①F403

中国版本图书馆 CIP 数据核字（2021）第 218110 号

机械工业出版社（北京市百万庄大街22号 邮政编码100037）
策划编辑：孔 劲 责任编辑：孔 劲 王春雨
责任校对：薛 丽 封面设计：鞠 杨
责任印制：李 昂
北京中兴印刷有限公司印刷
2022年1月第1版第1次印刷
148mm×210mm·4.75印张·84千字
0001—2500 册
标准书号：ISBN 978-7-111-69480-9
定价：55.00 元

电话服务　　　　　　　　　网络服务
客服电话：010-88361066　机 工 官 网：www.cmpbook.com
　　　　　010-88379833　机 工 官 博：weibo.com/cmp1952
　　　　　010-68326294　金 书 网：www.golden-book.com
**封底无防伪标均为盗版**　机工教育服务网：www.cmpedu.com